MAISON DE SAVOIE

(ORIGINE).

MAISON DE SAVOIE

(origine).

SECOND FRAGMENT D'UN MANUSCRIT INTITULÉ :

CHRONOLOGIE ABRÉGÉE

Des trois Dynasties,

MÉROVINGIENNE, CARLIENNE ET CAPÉTIENNE,

COMPRENANT,

AVEC DES CONSIDÉRATIONS NOUVELLES SUR L'ORIGINE DES FRANCS, L'ÉTYMOLOGIE DE LEUR NOM ET LES PLUS PROCHAINS ANCÊTRES DE CLOVIS,

LA VÉRITABLE EXTRACTION DE SAINT ARNOUL,

AUTEUR DE LA SECONDE LIGNÉE;

CELLE DE

ROBERT LE FORT, COMTE D'ANJOU,

LEQUEL A FORMÉ LA TROISIÈME;

CELLE ENCORE DES

DUCS AMOVIBLES, PUIS HÉRÉDITAIRES DE LORRAINE,

DEVENUS EMPEREURS D'AUTRICHE,

etc., etc.

PAR LE PRINCE-MARQUIS DE PONS

ET LA CHATAIGNERAYE.

PARIS,

TYPOGRAPHIE DE FIRMIN DIDOT FRÈRES,

RUE JACOB, 56.

1842.

ADDITIONS ET CORRECTIONS.

—

Moins pressé d'abandonner le vague terrain armorial, peut-être aurions-nous dû faire observer que la *bande* de Lorraine ancien (ou d'Alsace), et l'écusson actuel de Savoie, offrent les mêmes émaux, puis alors en inférer que la cause de l'origine ne demeura pas étrangère à l'adoption de ce dernier.

En ce cas, après les mots: ni pour nulle autre page 58, lig. 9, on peut ajouter cette phrase: à moins que l'écusson primitif de Lorraine ancien (ou d'Alsace), savoir: *d'or, à la bande de gueules chargée de* 3 *alérions d'argent*, n'ait, à raison de l'origine, provoqué le choix des émaux qui, réellement, sont ceux de la *bande* susénoncée.

Page 4, ligne 25; après le mot tribut, point et virgule. — Page 18, ligne 9, *au lieu* de première *lisez* deuxième.—*Ibid.* ligne 14, *substituez* première à seconde. — Page 36, ligne 18, après les mots: en question, *ajoutez ceux-ci :* notez restrictivement qu'il s'agit du second mariage, Emme fille unique née du premier, ayant eu pour seul mari, le roi de France, Lothaire (966). — Page 40, ligne 10, *au lieu de* troisième, *lisez* quatrième. — Page 56, ligne 18, point et virgule après la parenthèse; *lisez ensuite :* puis, qu'une aigle. — Page 79, pénultième ligne, *lisez également* puis, que. —-Page 85, ligne 19, *au lieu de* Ain, *lisez* Aix. — Page 94, lig. 15, *lisez* Thomas Ier. — Même page, ligne 17, *lisez* idem, puis: à père, *substituez* aïeul. L'erreur vient d'une faute typographique chez Guichenon.

AU ROI

CHARLES-ALBERT

SIRE,

La très-auguste famille dont les décrets providentiels vous ont institué le chef, n'a certes aucun besoin d'accroître son illustration héraldique; toutefois, et non sans cause, le culte commémoratif des ancêtres a toujours eu ses fidèles. Or, votre Majesté se montrant un des plus fermes entre ceux qui le maintiennent, nous avons eu la pensée qu'il vous serait agréable de connaître un nouveau travail touchant l'extraction des vôtres considérée en général, et la particulière ascendance du comte Berthold (*Bertholdus*), premier membre certain de la race, mais si imparfaitement étudié, que personne jusqu'à cette heure n'a pu être son biographe, ni, à plus forte raison, asseoir les degrés antérieurs.

Voilà ce qui nous a fait détacher de l'ouvrage chronologique à l'intitulé duquel se réfère le présent titre, l'article proprement relatif à la maison de Savoie, et, par suite, nous détermine à le produire en lumière.

Deux notables faits s'y remarquent, base de tout l'édifice : l'un est l'origine empruntée à l'antique maison de France ; l'autre expose qu'Éberhard IV, comte de la basse Alsace (Nordgaw), fut le père de Berthold, vérité d'ailleurs concordante avec ce qu'on vient de lire, puisque les anciens ducs d'Alsace, branche collatérale de France, tant à l'égard des rois carliens que des princes subséquemment nommés capétiens, étaient eux-mêmes les auteurs du personnage en question.

Le premier a pour fondement : 1° les actes du concile de Bâle, aux termes précis desquels Amédée VIII, élu pape sous le nom de Félix V, appartenait par les deux côtés du lignage au sang du roi de France (Charles VII), et, comme explication auxiliaire, le chapitre de notre volume inédit où sont enfin précisés les aïeux de Robert le Fort ; 2° par surabondance, la déclaration officielle du collége électoral, procédant à redonner force au droit qu'un de vos prédécesseurs revendiquait à la diète (1582).

Le second est également établi sur des textes dont voici l'extrait logique. — Berthold était petit-fils (*nepos*) de l'empereur Othon Ier. — Cette qualité, impossible par un fils de ce monarque, venait dès lors par une fille. — Le susdit prince contracta deux mariages consécutifs : l'un avec Édithe, *alias* Edwige, princesse anglaise ; l'autre avec Adélaïde, seule fille que de sa femme, ayant nom Berthe, ait procréée Rodolfe II, roi de la Bourgogne Transjurane. — La première étant hors de cause, reste la deuxième, par quoi la mère de Berthold, fille d'Othon, le fut nécessairement de ladite Adélaïde. — Cela posé, la question se borne à connaître l'homme qu'épousa cette fille ; car c'est le père de Berthold, d'autant mieux que celle-ci ne fut mariée qu'une fois. — Or, après avoir fait entendre qu'elle a dû s'appeler Berthe, vu que tel était le nom de son aïeule maternelle, nous ajoutons qu'Éberhard IV devint l'époux dont il s'agit. — Les preuves à cet égard sont : 1° qu'entre le pape Léon IX, petit-fils assuré du même, par Hugues, comte d'Egisheim, son père, et une nièce du roi de Bourgogne (Rodolfe III), existait le parentage féminin qu'on appelle *cognation ;* 2° que, chaque point discuté, ce parentage n'a pu être que dans l'hypothèse restreinte où la fille précitée d'Othon et d'Adélaïde aurait épousé l'aïeul du précédent

Léon IX, c'est à savoir Éberhard IV, dont, en tout état de cause, la femme s'appelait Berthe, compris, bien entendu, celle où le père du même pontife serait un fruit de cette alliance; 3° enfin, que Berthold étant *nepos* d'Othon Ier, comme fils de sadite fille mariée avec Éberhard IV, reçut le jour de ce dernier, qui, d'ailleurs, le nomma Berthold à raison de Berthe, sa femme, petite-fille d'autre Berthe.

Sire, votre haut jugement appréciera ce témoignage qui paraît de stricte rigueur, et pèsera nos recherches sur les premières filiations notoirement erronées dans les généalogies existantes. Quant à nous-mêmes, il ne reste qu'à manifester le désir d'avoir pu résoudre un problème dont le mot semble de nature à vous offrir quelque intérêt.

Premier fragment de notre chronologie précitée, une dissertation critique sur la charte d'Alaon et divers autres points d'histoire, a précédé cet opuscule. C'est au souverain ami des graves études, c'est au promoteur du recueil portant ce titre noble et simple : *Historiæ patriæ monumenta*, que nous en adressons le tribut; on peut y lire une analyse publiée sous forme de lettre, et relative à la plus illustre famille qu'ait éclairée le soleil. La vôtre non moins aussi, mais avec priorité, que celle de Lorraine-Autriche, tirant d'elle son existence, c'est assez justifier, sans doute, l'attention qu'à cet égard nous croyons devoir provoquer.

. . . .

France, 1841, *Christo regnante.*

AVERTISSEMENT.

Les chiffres romains écrits au commencement des articles contenus en ce travail indiquent les générations écoulées, non à partir de saint Arnoul, qui, toutefois, est capital entre les anneaux de la chaîne que nos veilles ont fait connaître, mais depuis Mérovée Ier, père de Mérovée II, principe certain de la race qu'on appela mérovingienne, bien que deux ou trois aïeux de ce prince puissent encore, à la rigueur, s'ajouter historiquement. Ainsi, le comte Berthold n'étant rien moins (sans paradoxe) qu'un XXIIIe rejeton du précédent Mérovée, a dû figurer sous le nombre qui précède sa notice.

Il nous faut dire également que la série des Amédée porte les numéros qu'on lui voit, à cause du fils d'Odon (petit-fils de Humbert Ier) compté par nous comme deuxième, nonobstant que son père et lui n'aient, en aucune façon, été comtes de Maurienne; le motif est qu'il fut l'auteur de tous les comtes subséquents.

— La réimpression italienne des *Acta sanctorum ordinis s. Benedicti*, étant celle qui nous sert, les textes invoqués s'y réfèrent.

MAISON DE SAVOIE

(ORIGINE).

SECOND FRAGMENT D'UN MANUSCRIT INTITULÉ :

CHRONOLOGIE ABRÉGÉE

Des trois Dynasties.

COMTES ET DUCS DE SAVOIE,

AUJOURD'HUI ROIS DE SARDAIGNE.

BERTHOLD.

XXIII. L'origine des souverains portant le nom de Savoie n'a guère été moins débattue que l'extraction de nos rois et celle des monarques lorrains; fait qu'on doit sans doute attribuer à la haute antiquité de ces races, joint, au regard de la première, à la perte de ses archives détruites à Suze en 1174, lorsque Frédéric Barberousse prit et brûla cette ville. C'est au point qu'il faudrait plus d'un volume à qui voudrait discuter les systèmes contradictoires et d'ailleurs insoutenables qu'on a vus naître à cet égard. Ayant pensé que la meilleure réfutation est toujours l'établissement d'une thèse qui, véritable, met les autres à néant, nous avons tenté ce moyen. Voici dès lors, toute présomption à part, le résultat de nos recherches.

— A parler généralement, la royale maison de Savoie tire son origine masculine de Pépin, surnommé le Gros, l'Ancien, ou de Herstal, petit-fils de saint Arnoul par Anchise.

— Spécialement, Berthold, son premier membre connu, était le troisième fils d'Éberhard IV, lequel, comte du Nordgaw, appartenait sans conteste à la maison dite d'Alsace.

— Pépin nommé ci-dessus, auteur non moins assuré de la dynastie capétienne que de la dynastie carlienne, le devint également de la maison susénoncée (celle d'Alsace); fait dont les termes, rapprochés de la seconde assertion, prouvent surabondamment la première, en ce que si Pépin a formé la maison d'Alsace, si Berthold est provenu de celle-ci, son ascendant fut Pépin.

Tels sont les trois points de la cause qu'il s'agit de rendre sensibles.

I.

Premier témoignage. Divers textes, demeurés jusqu'à cette heure comme s'ils n'existaient pas, nous révèlent que les princes, comtes, puis ducs de Savoie, sont venus de la même race que les propres rois capétiens, et, par conséquence obligée, que leur principe est commun. Le plus grave et le plus formel nous a paru celui-ci :... *Visitarunt electum* (le pape Amédée) *in solitudine Ripalie..... electione commendata motiva quatuor.... eminen-*

tiam videlicet virtutum electi... prosapiam denique ejus ex sanguine regis Franciæ (Charles VII) *latere utroque, postremo ecclesiæ necessitatem ad defensionem veritatum fidei et auctionem generalium conciliorum*, etc. (Actes du concile de *Bâle*, *collect.* XVI, *sess.* XXXIX, chap. XIII, *Cibrario*, rapport, p. 357.) Ce passage dit en effet qu'Amédée (VIII), élu pape (1440), participait au sang de France (celui de Charles VII alors régnant), et ce par l'estoc masculin, les mots *latere utroque* ne laissant à cet égard nulle espèce d'incertitude; d'autre côté, chacun sait que Charles VII provenait du fameux Robert le Fort, de sorte que la question se borne à connaître qui ce prince eut pour ascendants. Or, ce grand problème historique, examiné par nous à son heure, est devenu la matière d'une dissertation rigoureuse, incluse dans l'ouvrage même dont le présent travail fait partie. Y renvoyer ne se peut, vu son état de manuscrit; en reproduire les éléments ne serait guère plus faisable, à cause de son étendue, non moins que de sa liaison nécessaire avec ce qui la précède ou la suit. Le seul parti à prendre est donc d'en exposer la substance, affirmant d'ailleurs que les preuves accompagnent chaque assertion.

Robert le Fort était fils d'un fils puîné (5e) du célèbre saint Guillaume, duc de la seconde Aquitaine, lequel se nommait *Herbert*, et que pour la première fois nous dévoilons en ce lieu, bien que souvent désigné dans nos publications antérieures;

saint Guillaume dut l'existence au comte Théodoric II, dit par les chroniques du temps consanguin de Charlemagne et gouverneur de la Saxe. Le père de ce dernier fut Théodoric Ier (duc de Bourgogne); il était fils aîné de Hugues, duc, que, dans une bulle octroyée à l'abbaye de Saint-Arnoul (1049), le bienheureux pape Léon IX précise comme antécesseur paternel (*parens*). Hugues tenait le jour de Drogon Ier (*ibid.*); enfin ce même Drogon, et celui-là qui, méconnu pendant des siècles à cause de son homonyme, fils de Plectrude, a été remis par nous en mémoire, naquit de Pépin le Gros (*ibid.*), mais puîné de Charles Martel. Ajoutons que, première femme, sa mère fut *Slichildedride*, donc aucunement Plectrude ni moins encore Alpaïde; fait notable, que des annales très-anciennes et quelques chartes éclaircies ont offert à nos recherches.

Ainsi le roi de France Charles VII, provenant de mâle en mâle du précédent Drogon Ier, second frère de Charles Martel, et par lui de Pépin le Gros, telle est, conformément à nos prémisses, l'origine incontestable d'Amédée VIII, duc de Savoie, que, faute de l'avoir aperçue ou de pouvoir l'expliquer, on avait laissée en oubli.

Second témoignage. La famille qui nous occupe était jugée appartenir à l'ancienne maison de Saxe; c'est ce qu'expriment notamment les citations que voici : — *Nosque et nostros qui ab inclyta domo Saxoniæ ortum traximus renovare et ea quæ lon-*

gevæ ætatis progressus distinxit, auctore Deo, reunire confidentes, etc. (Procurat. donnée par *Louis, duc de Savoie* (1443), à son ambass. près le duc de Saxe, pour marier sa fille Charlotte au fils aîné du même duc. *Guich., tom.* Ier, p. 171.) — *Sanè cum incliti progenitores nostri ab excelsa domo Saxoniæ ortum et primam suam originem duxerint, et id idem clarissimis argumentis percipimus contigisse*, etc. (Patentes du précédent *duc Louis*, en faveur d'Albert et Galéas Pies. *ibid.*, preuves, pag. 647.) — . . . *Jacobus de Sirch. . . . Treverensis archiepiscopus sacri romani imperii princeps elector... fiat manifestum quod*, etc. . . . *qui siquidem ambassiatores, nuntii et procuratores ipsorum duorum ducum* (de Saxe et de Savoie), *vota memoratorum dominorum suorum imitari volentes circa renovationem fœderum affinitatis inter eos duces qui ambo ab inclyta domo Saxoniæ educti sunt ab antiquo, etc.* (Traité du mariage susdit. *Guich., ibid.*, p. 368.)

Cependant, par l'illustre maison de Saxe que désignent et le duc Louis et l'archevêque de Trèves, du reste, consanguin des parties, il ne faut nullement entendre les empereurs Othon ou leur suite, ni encore la propre lignée des ducs électeurs de Saxe. C'est ce qui résulte en effet :

Au regard du premier point : 1° de ce que, sans compter l'historique des Othon, où chaque mot résiste à l'hypothèse, les ducs modernes de Saxe n'étant certes pas venus de ces princes, l'exposé dont il s'agit serait faux à leur égard; 2° de ce que les actes de Bâle assignant (*voy.* plus haut) les ancêtres des Capétiens pour ceux des ducs de Savoie, excluent la famille othonienne dans les termes susénoncés.

En faveur du second point : 1° de ce que si, de fait, le duc ci-dessus nommé se déclare provenu de l'illustre maison de Saxe, l'archevêque électeur de Trèves, loin de reconnaître ce duc comme un rejeton quelconque appartenant au souverain avec lequel il contractait, exprime, tout au contraire, que ce dernier tirait comme lui son origine *ab antiquo* de l'ancienne maison de Saxe, dont, par suite, ils n'étaient que membres, circonstance indiquant bien une tige commune à ces princes. Ajoutons que l'existence de deux lignes est, d'ailleurs, clairement notée par les mots du premier acte, qui parlent de réunir ce qu'ont séparé les siècles, puisqu'on ne dit jamais qu'une branche existe séparée de sa tige, lorsqu'on peut dire justement que deux branches d'une tige se réunissent par alliance. (*Voy.* aussi le texte qui va suivre.) 2° De ce que les électeurs, statuant sur la réclamation d'un autre duc de Savoie, ne l'ont pas tenu sorti des ducs de Saxe (modernes), mais du sang *germain* (sang de frère) de ces mêmes ducs : *Quod dux Sabaudiæ sit princeps sacri imperii ex sanguine germano ducum Saxoniæ oriundus... sicuti ille tanquam a germano principum sanguine natus princeps, etc.* (Actes des élect, 23 août 1582. *Guich.* t. Ier.)

Or, de quoi peut-il s'agir? évidemment de la plus ancienne famille qui gouverna les provinces qu'on appelait duché de Saxe; c'est à savoir, comme nous l'avons exprimé, Pépin le Gros et les siens, car il faut faire abstraction des chefs qui ont pu commander outre-Rhin aux Saxons restés idolâtres (*voir* plus loin), par la raison déjà produite, que les électeurs de Saxe avaient la même origine que les comtes de Savoie; que cette commune extraction était celle des Capétiens; en un mot, que ces derniers ne venaient pas des susdits chefs. La preuve de notre assertion est :

Premièrement. Que l'ancien duché de Saxe, dit encore d'Allemagne et parfois même d'Alsace, a toujours été l'apanage de la famille précitée, témoin en fait ce qu'on va lire.

— Pépin, un des fils de Drogon Ier, second fils de Pépin le Gros, possessionné sans aucun doute dans la seconde Germanie, qu'une foule d'autorités font connaître sous le nom de Saxe (voir *ibid.*), est qualifié duc des Saxons dans le très-vieux cartulaire (*archives* de Saint-Arnoul) dont, à l'article des Carliens, nous avons déjà fait usage: *Videlicet a Clodoveo, Chilperico, Dagoberto regibus Francorum, et a Pipino primo filio filii beati Arnulfi, et a Carolo Martello filio ejusdem principis, et a Drogone duce, fratre Caroli Martelli, et filiis ejus Hugone archidiacono Metense, Arnulfo Burgundiorum duce et Gofrido duce Lotharingorum et Pipino duce Saxonum et a Pipino Nano, etc.* (Mss.

de Saint-Arnoul ; *Calmet, Hist. de Lorraine*, t. Ier, preuv., p. lxxxviij). Notez ici que par Saxons il faut entendre les peuples qui, partant des bouches de l'Elbe, vinrent occuper les rives du Rhin, et nullement les tribus demeurées vers la péninsule cimbrique, puisqu'on les appelait non pas strictement *Saxones*, mais *Holsationes* ou *Northalbingos* (voir *ci-après*), et que, du reste, leur pays était alors si peu duché, qu'il ne le devint qu'en 1477 : *Denique sub Christiano I, Danaiæ rege, ducatus a.* 1477 *Holsatia facta.* (Reisky ; *Cluvier, cap.* XIV, p. 198, note.)

— On sait que Henri l'Oiseleur (fils d'Othon l'Illustre, duc de Saxe; *Biograph. univers.*), père d'Othon I ou le Grand, fut le premier empereur de la race dite saxonne : *In orientali ergo Francorum regno... deficiente Caroli stirpe... primus ex gente Saxonum successit Henricus.* (Otto *Frising.*, lib. VI, cap. 17). — *Ludovico* (fils de l'empereur Arnoul) *defuncto sine liberis, translatum est imperium ad quandam Conradum de stirpe ipsius; et de Conrado ad Henricum qui de genere Saxonum primus fuit imperator.* (Généal. de *S.-Arnoul.*) Or, nous croyons pouvoir avancer que cette famille othonienne, dont un certain nombre d'auteurs a été chercher l'origine chez les enfants de Witikind, provenait de Pépin, duc de Saxe, dont il vient d'être parlé, ce qui devrait s'ajouter aux considérations présentes. Il est du moins assuré qu'Othon l'Illustre, père de Henri l'Oiseleur, né en 876, a pu avoir le susdit Pépin pour aïeul. En ce cas, le duché d'Alsace, dit quelquefois aussi de Saxe ou d'Allemagne, serait devenu le partage des fils cadets de Hugues, son frère aîné, tandis que la vieille Saxe (outre-Rhin) aurait eu pour maîtres les enfants qu'il a pu laisser, d'autant même que plus tard c'est bien l'Alsace que possédèrent ses neveux qualifiés ou ducs de Saxe ou d'Allemagne ou d'Alsace, puis comtes dans cette dernière province, quand le titre ducal disparut, sans toutefois que l'Alsace cessât de compter pour duché. Faisons observer ici que Léon IX ne nommant pas le susdit Pépin dans sa bulle, c'est à coup sûr un autre frère qui forma la maison d'Alsace.

— Théodoric II, père de S. Guillaume, et petit-fils (branche aînée) du duc Hugues, fils de Drogon Ier, dont il a été question ci-dessus, eut le gouvernement de la Saxe sous Charlemagne, son consanguin (*voy.* plus haut).

— Adalaric ou Éthico, second fils de ce même duc Hugues, et fondateur incontestable de la maison dite d'Alsace, fait amplement justifié à l'article de Lorraine, était indifféremment qualifié duc de Saxe, d'Allemagne ou d'Alsace.

Secondement. Que la famille issue de Pépin le Gros était appelée saxonne, témoin encore ces paragraphes :

— Pépin le Bref est lui-même dit Saxon, ou du moins donnant à son fils un nom saxon au lieu du sien : *Mutavit rex Pipinus nomen suum in filium suum* (Annal. Nazarien.; *Monument. Germ.*, tom. Ier, p. 29), et en variante : *mutavit..... suum manu saxonica.* Notons que ce fait a frappé l'éditeur de la chronique, puisqu'il a mis en autres caractères le *manu saxonica.* Cela signifie, au surplus, que Pépin nomma son fils *Karl*, mot de la langue qu'on parlait et qu'on parle encore en Alsace.

— Nous avons déjà fait connaître (*art.* de Robert le Fort) que la famille des Pépin était réputée saxonne. Sans reproduire ici nos paroles, voici les textes invoqués à ce propos. Il s'agit et d'Adélard, abbé du monastère de Corbie (fondé par Clotaire III), dont le père était Bernard, frère de Pépin le Bref (naturel selon les uns, légitime selon les autres) : *eum et Bernardi filium fuisse, fratris magni Pipini regis.* (Vit. s. Adalardi, *int. Act. SS. ord. s. Bened.*, tom. v); et de Wala, frère d'Adélard, également abbé de Corbie : *sed quomodo conservatus sit sub Antonio nostro* (Adélard) *velim edicas, maximè pro fratribus nostris Saxoniæ de gentibus, quorum fuit ex genere* (Paschase Ratbert. *vit. Walæ*, ibid.); — *de quorum numero lux patriæ beatus Adalardus Corbajentium extitit abbas prædicandus qui non solùm Francorum gemmæ, sed et Saxonum oriens effulsit stella* (alia vit. *s.* Adalardi, *ibid.*). Remarquez ici qu'Adélard est simultanément spécifié Franc et Saxon.

— Enfin, dans ce passage très-connu et dont l'interprétation a produit tant de commentaires : *Robertus Andegavensis, comes, saxonici generis vir*, Aimoin qualifie Saxon, ou plutôt membre appartenant à la lignée dite saxonne, en ce que le mot *genus* marque aussi bien lignée que race, Robert le Fort, issu (*voyez* plus haut) de la famille pépinienne ; lequel texte, loin d'être, au surplus, une énigme embarrassante, s'explique merveilleusement par tout ce qu'on vient d'exposer, et suffirait même seul pour établir le présent point. Ajoutez cette citation où le roi Hugues Capet se trouve considéré non comme étranger aux Carliens, mais seulement comme hors du droit lignage royal, fait exact, et même où tels princes de France sont expressément distingués par la dénomination de Saxe : « Ledit Hue n'estoit mie en droit lignage de France, mais de ceux de Soissonne » (*Chron. des rois de France, rec. des hist.*, tom. X, p. 315. Dom Bouquet a mis en note : « Saxe, selon d'autres ; les anciens appelèrent Soissongne le pays que nous nommons Saxe ») ; puis ces mots déjà cités (*art.* des Capétiens) d'un très-ancien légendaire, dont le sens, bien que formel, n'a jamais été compris : *Post depositionem Hilderici, totius militiæ voto, una cum auctoritate Zachariæ papæ*, PRIMUS EX SUA LINEA (Pépin le Bref) *in regno Francorum rex sublimatus est.* Et plus bas : *Ita Francorum* SECUNDA DEFICIENTE A, *regnum* IN TERTIAM *est translatum*, etc.

(Vit. *s. Genulfi*). Quoi de plus clair, en effet, que les expressions soulignées, pour dire les Mérovingiens, les Carliens et les Capétiens, trois lignes d'une même race ?

Nota. Une conséquence importante des déclarations précitées, que l'intérêt de la maison naguère électorale qui maintenant règne en Saxe, et cherche encore son origine, nous engage à signaler, est que selon la première, émanée des électeurs, les ducs de Saxe et de Savoie ayant une tige commune, étant même sortis de deux frères, vrai sens du *sanguine germano ;* puis, aux termes de la seconde (celle du concile de Bâle), l'origine des Capétiens (tirée de Pépin le Gros) étant celle de ces derniers, telle est également l'extraction des ducs électeurs de Saxe. On sait que cette illustre famille, descendue par quelques degrés de Frédéric le Belliqueux (fils de Frédéric le Vaillant), auquel l'empereur Sigismond donna le duché de Saxe en 1423, a pour auteur assuré Henri l'Illustre (1267), landgrave de Thuringe (seconde race), palatin de Saxe sa vie durant, marquis de Misnie, etc., fils de Thierri l'Exilé, dont les ascendants furent (*Art de vérif. les dates*, tom. III) Othon le Riche, Conrad le Vieux, Thiémon, N. et autre Thierri (vers 985), après lequel on ne trouve plus rien dans les livres. Cette question irrésolue deviendra peut-être l'objet d'un travail particulier. En attendant, qu'il nous soit permis d'énoncer qu'un cinquième frère puîné de

S. Guillaume, duc d'Aquitaine, s'appelait Théodoric; qu'aujourd'hui sa postérité n'est pas encore bien connue, et que le dernier Thierri, autrement Théodoric, de la précédente suite, peut être un de ses rejetons assez proches. Nous dirons au préalable que ce même Théodoric étant petit-fils, par son père, de Théodoric Ier, frère aîné d'Adalaric ou Ethico, de qui sort la maison d'Alsace, et dès lors celle de Savoie son rameau (*voir* le troisième paragraphe), l'extraction tirée de deux frères, qu'ont signalée les électeurs, serait définie à ce titre, puis encore que la priorité aux diètes des ducs de Saxe sur ceux de Savoie (*voy.* plus loin) aurait la primogéniture pour justification naturelle.

Il existe plusieurs textes où Berthold et même un de ses descendants sont dits *de Saxonia.* On a cru devoir s'en servir comme d'un argument à l'appui de son origine saxonne. Nous pensons que c'est une erreur dont, à vrai dire, il était peu facile de se défendre, puisque cette origine est constante. Voici d'abord les documents énoncés: — *In die vero Epiphanie, post missam, cardinalis Arelatensis habunde commendans dicionis Sabaudiæ excellentiam prius commemorata a Beroldo Saxoniæ duce, nepote Othonis* (Ier) *imperatoris tercii* (troisième empereur) *misso ut patriam prædonibus expugnaret, qui primo fuerat comes Mauriane inde Gebennensis, filiusque ejus Sabaudiæ*, etc. (ext. des actes du concile de Bâle, *collect.* XVI, *session* XXXIX, *Cibrario*, p. 366.). — *Necnon regnante et principante in valle nostra Augusta Salassorum Humberto, primo comite Maurianensi, filio illustris Beroldi de Saxonia, qui Humbertus eodem anno legavit capitulo nostro dominium loci Derbie.* (Regist. annivers. *de la cathéd. d'Aoste*, transcrit vers le XVIe siècle. *Cibrario*, p. 348.)— *Sequenti vero mensi martii privatim ita quod nec ipsi Lombardi qui cum eo fuerant, nisi forte paucissimi sciverint, per terram comitis Umberti de Saxonia, filii quondam Amedei qui dicitur comes de Maurienna, iter corripiens, in Alamanniam profectus est.* (Continuateur *anonyme de l'Hist. concernant la ville de Lodi;* publiée à Venise en 1629, par Othon et Acerbo Morena. *Voir* Guich., tom. I, p. 171. Il s'agit du retour en Allemagne de Frédéric Barberousse, maison de Hohen-Stauffen, année 1168, et de sa marche à travers l'État de Savoie, où régnait alors Humbert III.). Maintenant notre commentaire consiste en ceci.

Une monnaie donnée par Guichenon (tom. I, p. 142) présente les lettres B E sur la face, puis au-dessous P R, et comme exergue : *Sassonia marc.*; les lettres, selon toute apparence, signifient *Bertholdus prefectus*, le dernier mot de l'exergue *marc.* est l'abrégé de *marca*, marche (frontière); de sorte qu'il faut lire *saxonia marca*, marche saxonne, qui, du reste, était peut-être la Lusace, marche instituée par l'empereur Henri Ier. La pièce offrant les derniers mots reproduits a été, sans doute, frappée pour la marche dont il s'agit; le nom de Berthold s'y lisant, c'est à lui qu'obéissait cette marche, probablement reçue de l'empereur Othon III, son *cognat* (par Adélaïde; *voy.* plus loin), ce qui d'ailleurs n'empêchait pas qu'il ne fût comte de Maurienne pour le troisième Rodolfe, roi de la Bourgogne Transjurane, et *prorex* au royaume d'Arles: rien de plus commun en cet âge que plusieurs gouvernements donnés au même individu, joint à ce que ces dignités ont pu venir l'une après l'autre; or, telle est présomptivement la raison qui a fait appeler Berthold *Bertholdus de Saxonia*, sans vouloir nier toutefois que son origine saxonne ait eu quelque part en ceci, bien que *Bertholdus de Alsatia* (*voir* ci-après) convînt mieux, comme pour Gérard *d'Alsace*, qui fut ainsi dénommé, non parce qu'il gouvernait tel ou tel comté d'Alsace, puisque d'abord le Nordgaw et le Sundgaw appartenaient à d'autres branches, et qu'ensuite il fut duc, après les siens, de la Lorraine Mosellane, mais seulement en mémoire de son extraction d'Alsace. Observez que les mots *dux*, *marchio*, *comes*, s'appliquaient assez souvent au même chef, lorsque, surtout, il exerçait certaines charges, et que Berthold a pu être indifféremment appelé, soit duc (comme dans le passage des actes de Bâle transcrit plus haut, *a Beroldo Saxoniæ duce*, etc., que, du reste, il faut traduire, non par Bérold, duc de Saxe, mais par Bérold de Saxe, duc); soit marquis, comme Pingon dit l'avoir lu autour d'une vieille monnaie, assertion que favorise la pièce de Guichenon, si tant est qu'elles diffèrent; soit enfin comte. Il s'en trouve beaucoup d'exemples, témoin les ducs de l'Aquitaine méridionale, qualifiés comtes, ordinairement de Poitiers et quelquefois de Toulouse.

Dernière considération. Bien que les précédents témoignages semblent devoir satisfaire à l'objet de ce paragraphe, nous avons pensé, toutefois, que dans le cas où la seconde Germanie (Alsace comprise), apanage incontestable et de Pépin le Gros lui-même, et de ses prochains descendants (*voir*, entre autres, Perreciot, *Dissert.;* Grandidier, *Hist. d'Alsace*, p. 304), serait montrée comme ayant eu des Saxons pour habitants primitifs, un supplément de preuve en naîtrait, puisque Berthold appartenait (*voir* le paragraphe suivant) à la maison nommée d'Alsace; de là cette courte notice.

S'il existe une vérité historique, c'est à coup sûr que l'une et l'autre Germanie ont souvent eu le nom de Saxe (*Voy.* Glaber, Oderic, la *Chron. de Dijon*, etc.), à tel point même, en ce qui touche la seconde, que des peuples dits saxons se rencontrent dispersés jusqu'à la mer occidentale. C'est déjà presque une justification du fait, les peuples à cette époque donnant plutôt leur nom au pays, que lui empruntant le sien. Une raison plus directe, tirée de la venue outre-Rhin de plusieurs tribus saxonnes, peut néanmoins être exposée; nous allons donc y procéder, mais quant à la seule Alsace, vu que, notable portion de la susdite Germanie, prouver pour elle peut suffire à la rigueur, et qu'il nous faut abréger.

L'Alsace n'a pas toujours eu ce nom propre, et, dès lors, toujours eu pour colons des peuples nommés Alsaciens. Le sentiment commun veut qu'autrefois les Triboques aient occupé cette province. C'est ce que J. J. Chifflet a reproduit en ces termes : *Germaniæ Cisrhenanæ nobilissima regio Alsatia, ante nuperam vastationem multum populosa... illam olim incoluerunt Triboci*, etc. (*Alsat. vindic.*, p. 1), d'après ce texte de Pline : *Rhenum accolentes, Germaniæ gentium in eadem provincia, Nemetes, Tribochi, Vangiones* (lib. IV, p. 17).

Ces Triboques, etc., étaient des peuples germaniques transplantés au delà du Rhin : *Post Helveticos ad Rhenum sunt Sequani* (vers Besançon), *Mediomatrices* (Metz), *in quibus Triboci, gens Germanica eo ex propriis sedibus trans Rhenum profecta* (Strab., *lib.* IV).

Ils avaient été Saxons, car l'Hercule des Médiomatriciens, leur noyau, se nommait l'Hercule *saxan* (Montfaucon, *Antiq. expl.*, suppl., tom. II, p. 50; *Martin*, tom. II, liv. III, p. 32; *Tabouillot*, Hist. Gén. de Metz; tom. I, pp. 169, 179. *Voir* Grand. Hist. d'Als., p. 147); donc, etc.

Autre argument. Les Saxons habitaient l'Holsace, pays touchant la mer Cimbrique : *Qui apud*

Tacitum Fosi, reliquis auctoribus Saxones appellantur : horum fuit Holsatia ad Cimbricam usque peninsulam (Cluvier, *Introd. in univ. geograph.*, lib. III, cap. II, p. 155).

Le principe de ce nom (Holsace) est certainement *saxum*, pierre ou rocher, d'où suit qu'on l'écrivait en latin *Holsaxum* ou *Holsaxa*, avant que, par euphonie, le *c* eût remplacé l'*x*; la preuve est que ladite Holsace s'appelle en allemand *Holstein;* qu'en cette langue *stein* signifie pierre ou roc; en un mot, que ses habitants étaient appelés *Saxones*, dont la racine est évidente.

Or, sachant, d'une part, que l'Alsace fut autrefois envahie par des peuples venus d'outre-Rhin; considérant, d'autre part, qu'entre les noms Holsace et Halsace (depuis Alsace) il n'existe réellement nulle disparité radicale, on est en droit de conclure que ce sont bien les Holsatiens qui émigrèrent sur la rive gauche du Rhin, nommée Halsace par eux ou à cause d'eux, et que les Holsatiens étant Saxons, les Halsatiens l'étaient aussi. Remarquons avec Bullet, d'abord que l'usage ou la suppression de la lettre *h* demeurant chose arbitraire; ensuite que *al* et *ol* ou *oll* se mettant l'un pour l'autre, témoin ces mots : « AL, tout, voyez *oll*, *al* en ancien saxon, tout à fait, etc. » (*Dict. celtique*, tom. II, p. 32), la différence d'orthographe ne saurait être une objection; ajoutez qu'en fait on reconnaissait deux Saxe, comme l'exprime Réginon, qui, par ce texte indicatif de

Saxons *orientaux* (c'étaient ceux des environs du Danube) :..*Rex... Heresburg reedificavit super Wisaram fluvium; venit in locum qui dicitur Brunisberg..... perrexitque usque Obacrum fluvium, ubi omnes orientales Saxones venientes, etc.* (*Monument. Germ.*, tom. I, p. 558), en présuppose d'*occidentaux*, vu, surtout, que les tribus qui remplacèrent sur l'Elbe les Saxons passés outre-Rhin, s'appelaient dans leur propre langue *Northalbingos* (*Poeta Saxo.*, *ibid.*, p. 254); puis encore ce passage emprunté à Reiski, annotateur de Cluvier : *Holsatia tamen tota et ipsa veteri Saxoniæ annumerata ducibusque Saxonibus subjecta fuit.* (Cluv., lieu cité, *cap.* XIV, p. 198, *note*), en ce qu'il spécifie une vieille Saxe, et que celle-ci, sans nul doute, étant au delà du Rhin (rive droite, voire même jusqu'au Danube), la nouvelle était en deçà.

II.

Les documents que nous avons eus sous les yeux ne nous ont pas encore offert la preuve tout à fait littérale de l'assertion qui maintenant doit se montrer justifiée, et consiste, ainsi qu'on l'a vu, en ce que Berthold était fils d'Éberhard IV, comte du Nordgaw. Il nous faut donc procéder par voie de conséquence logique, témoignage souvent plus sûr qu'un texte seul, dont la foi se peut contester, quand surtout on ne s'appuie, comme nous croyons l'avoir fait, que sur des notions admises et des textes accrédités.

— Berthold, faussement dit Bérold, Gérold et surtout Gérard (*voir* ci-après divers actes portant *Bertholdus*), était qualifié *nepos* d'Othon, empereur troisième; c'est ce qu'expriment ces mots déjà lus, empruntés aux actes de Bâle : *A Beroldo Saxoniæ duce nepote Othonis imperatoris tercii*; puis la chronique latine de Savoie commençant ainsi : *Quia temporis angustia me cogit*, et contenant plus loin cette phrase : *Ea propter postquam luculenter et premissit generosa ipsorum dominorum propago, ex persona recolende memoriæ domini Beraldi Saxoniæ ducis tertiogeniti, et Octonis imperatoris nepotis, etc.*, nonobstant l'erreur exprimée par le : *Saxoniæ ducis tertiogeniti.*

— L'empereur dont il s'agit en ces mots : *Othonis imperatoris tercii*, est non pas Othon III, mais Othon Ier, troisième empereur élu, tel étant l'ordre des césars : Henri l'Oiseleur, Conrad, Othon Ier, joint à ce que, pour mentionner Othon III, le nombre suivait le nom, comme Volfangus Lazius l'énonce dans ce passage : *Bernoldus Saxoniæ, Ottonis tercii imperatoris cognatus* (de Gent. *migrat.*, p. 621), à moins qu'il ne précédât le titre, ce qui alors dénotait le troisième empereur Othon (*voir* plus loin).

— Le *nepos* ci-dessus marqué signifie là petit-fils, à l'exclusion de neveu. La preuve en est : premièrement, que Berthold n'a pu être propre neveu d'Othon Ier, puisque ce prince avait pour frères et sœurs, Tancmar (fils naturel, ou, dit-on, d'un premier lit); N., mariée à Sigefroy, margrave de Brandebourg; Henri le Querelleur, duc de Bavière; Brunon, archevêque de Cologne; Girberge, mariée à Gislebert, duc de Lorraine, ensuite à Louis d'Outremer; enfin Halwide, femme de Hugues le Grand, duc de France; et que Berthold n'a certainement été fils d'aucun de ces personnages, savoir particulièrement de Henri nommé ci-dessus, dont le fils fut Henri II, père de Henri le Saint, empereur (deuxième du nom), après lequel (*Art de vérif. les dates*) s'éteignit la race othonienne; secondement, que telle était alors la juste acception de ce terme, témoin ceci que nous tirons de la famille même d'Othon : ... *Adelheida in loco qui dicitur Salsa, urbem decrevit fieri sub libertate romana... in ipso enim loco monasterium fundamentis miro opere condidit... tertio imperatore Ottone videlicet nepote suo, etc.* (*Vit. S. Adelheidæ*, écrite par *Odilon*, abbé de *Cluny*. Grandidier, *Hist. d'Alsace*, tit. 349). On voit, en effet, par cet acte que l'empereur Othon III, petit-fils d'Adélaïde, comme fils d'Othon II, son fils, se trouve appelé *nepos* quant à elle.

— Conséquemment, notre première conclusion est que Berthold fut petit-fils de l'empereur Othon Ier.

— La précédente qualité ne pouvait être masculine, vu qu'autrement il eût été fils de Ludolfe, premier-né, fait impossible par la raison que ce prince, venu au monde l'an 934, mourut en 957; que Berthold, décédé vers 1024, n'atteignit pas le grand âge que cela ferait supposer; en un mot, que ce sont le frère cadet de Ludolfe (second lit) et le neveu de ce dernier qui, empereurs, succédèrent à Othon Ier; ou encore fils d'Othon II, auquel cas, frère d'Othon III, il en aurait hérité faute d'enfants, chose que chacun sait n'être pas. Sa cause était donc une fille du précédent Othon Ier.

— Ce monarque, marié deux fois, eut pour femmes : en premières noces, Édithe ou Edwige, fille d'Édouard, roi d'Angleterre; en secondes, Adélaïde, fille de Rodolfe II, roi de la Bourgogne Transjurane, et la seule dont il devint père... *Ipsa Adelaida imperatricis filia bone memorie domni Rodulfi regis* (II) *et relicta bone memorie Ottonis* (Ier) *imperatoris, etc.* (Chart. de l'impérat. *Adélaïde*. La Guille, *Hist. d'Alsace, preuv.*, p. 22. *Voir* également plus loin.)

— Edwige doit être écartée, puisque les enfants qu'elle eut furent : 1° Ludolfe, ci-dessus nommé; 2° Luitgarde, mariée à Conrad le Sage, duc de Franconie et Lorraine (*Art de vérif. les dates*, p. 317), dont l'unique fils Othon devint successeur de son père, joint à ce que cette dame, morte en 953, n'a pu donner le jour à Berthold, par le motif noté plus haut à l'occasion de Ludolfe.

— Adélaïde restant, notre seconde conclusion est que Berthold fut petit-fils d'Othon Ier par une fille née de lui et de cette impératrice, après avoir ajouté, quant à l'opinion de ceux qui considèrent Berthold comme neveu d'Othon III, qu'il n'a pu naître ni d'un frère de ce prince, attendu que, faute de fils et de frère, sa ligne s'est éteinte en lui-même, ni d'aucune de ses sœurs, savoir : Mathilde, femme d'Ézon, comte palatin du Rhin; Sophie, abbesse de Gandersheim, puis enfin Adélaïde, abbesse de Quedlimburg.

— A l'égard du nom que porta la fille d'Othon Ier, mère certaine de Berthold, nul document ne le révèle, à notre connaissance du moins; mais il a dû être Berthe. Nos motifs sont : 1° qu'Adélaïde était fille de Rodolfe II, roi de Bourgogne (*voir* la citat. précédente); 2° qu'elle eut pour mère une Berthe : 932. *Chuonradus... piissimus rex* (frère d'Adélaïde)... *qualiter nos una cum matre nostra Bertha, ac fratre nostro Rodulfo... donavimus*, etc. (Bibl. Sebus., *centuria II; Guich.*, tom. IV, p. 123); voir aussi l'*Art de vérifier les dates* (*tom.* III, p. 431), et dom Plancher (*Hist. de Bourg.*, tom. I, p. 196); 3° que, selon l'usage du temps, il est presque indubitable que le nom appartenant à la mère d'Adélaïde fut donné, par souvenir, à une fille de celle-ci, et dès lors qu'on l'appela Berthe; témoin, pour se borner à deux exemples, Adélaïde d'Alsace (également nommée Adalberte comme fille d'Adalbert), femme de Henri dit Hezel, et mère de Conrad le Salique, dont une petite-fille, troisième fille de son fils, fut baptisée

Adélaïde; bref, la quatrième fille de Conrad, roi de Bourgogne, fils de Rodolfe II et de Berthe, qui porta ce dernier nom : observez, d'après cet usage, que les deux filles connues d'Adélaïde et d'Othon se trouvant être Mathilde, puis encore Adélaïde, cette particularité fait supposer une autre fille; 4° que, sans aucun doute, Berthold est dérivé de Berthe, quand on ne saurait pas que parfois un des fils recevait le nom masculinisé de la mère, ou une fille celui du père avec terminaison féminine, savoir, entre autres : saint Hubert ou Hugbert, fils de Huberte ou Hugberte; Raimonde, fille de Raimond (III, comte de Toulouse); Amantie, fille d'Amand, etc.

— Cela dit, nous ajoutons que la femme d'Éberhard IV, comte du Nordgaw, s'appelait Berthe : *In necrologio autem* (il s'agit de l'abbaye d'Altorff) *quod ibidem vidimus, hæc habentur die 4 septembris : ob. Eberhardus* (IV), *comes, qui requiescit in summo choro... item domina Bertha comitissa uxor ejus... item Hugo, comes et monachus hujus loci... item Hugo, comes, frater prædicti Hugonis... hi fuerunt fundatores monasterii* (*Act. SS. ord. s. Bened., sæcul.* VI, *part.* 2, p. 50, passage déjà transcrit à l'art. de Lorraine), et que, si cette même Berthe est la fille ci-dessus marquée d'Othon et d'Adélaïde (Berthe), il en résultera forcément que Berthold, démontré fils d'une fille de ces conjoints, laquelle bien évidemment ne fut aucune des deux sœurs nommées plus haut, puisqu'elles vécurent abbesses, serait fils d'Éberhard IV. Or, voici l'argumentation. Notez, préalablement, que, pour éviter le désordre, les Berthe dont il va s'agir seront distinguées par un nombre, suivant leur antériorité; de telle sorte que la Berthe, femme de Rodolfe II, se trouvera Berthe Ire, et ainsi des autres. — La Vie du pape Léon IX, écrite par son chapelain (Wibert) contient ces mots... *suppetiante ejus* (Léon IX) COGNATA *nepte Rodulfi regis Jurensis* (Rodolfe III) *conjuge sui germani nomine Gerardi, strenuissimi atque elegantissimi militis, etc.* (Int. act. *SS. ord. s. Bened. sæcul.* VI, *part.* 2, p. 60), c'est à savoir, que la femme de Gérard, frère du précédent Léon et nièce de Rodolfe (III), roi de la Bourgogne Transjurane, se trouvait être *cognata* du pontife susnommé. Marquons de suite 1° que cette nièce de Rodolfe, belle-sœur de Léon IX, s'appelait Berthe (IVe); 2° qu'elle était fille de Mathilde, sœur de ce même Rodolfe : à l'égard du dernier point, lisez ce texte : *Mathildis et Alberada filiæ fuerunt Gerbergæ* (sœur d'Othon Ier, mariée avec Louis d'Outremer). *De Mathildis processit Rodolfus rex* (Rodolfe III), *et Mathildis soror ejus. De Alberada Ermentrudis. De Mathilde filia Mathildis Berta. De Ermentrudis Agnes. De Berta Geraldus Gevennensis. De Agnete Wido* (Annexe à *la Chron. de Frodoard; rec. des hist.*, tom. VIII, p. 214); quant au premier, nous avons vu précédemment qu'une nièce de Rodolfe III avait épousé Gérard, frère du pape Léon IX; d'autre part, nous voyons ici que Berthe, nièce de Rodolfe, fut mère d'un Gérald (ou Gérard); c'est donc un motif de croire que son mari portait ce nom, quand on ne saurait pas, d'ailleurs, que Léon IX eut deux neveux nés de sondit frère Gérard, c'est à savoir Gérard et Hugues, qui, le père mort, se brouillèrent, prétendant l'avouerie d'Altorff adjugée au premier d'entre eux par le pape Grégoire VII (*voy.* l'art. de Lorraine). Disons encore que chez les enfants de Gisèle (sœur aînée de Rodolfe III) et de Henri II, duc de Bavière, fils de Henri le Querelleur, frère puîné d'Othon I; de Berthe III (seconde sœur) et d'Eudes, comte de Blois; de Gerberge (troisième sœur) et de Hermann II, duc de Suabe; enfin de Wille (cinquième sœur) et de Ratburn, vicomte de Vienne, si tant est qu'on doive l'admettre, il ne se trouve aucune fille femme ou mère d'un Gérard, d'où conclusion pour Berthe IV, née de la quatrième sœur Mathilde. — « *Agnation*... terme de jurisprudence. C'est, selon le droit romain, le lien de consanguinité entre les mâles descendants du même père (compris, bien entendu, leur lignée, proche ou lointaine), comme *cognation* est le lien de parentage entre les mâles et les femelles ensemble, descendant aussi du même père (compris également leur suite), etc. » (*Dict. de Furetière.* Voyez en preuve les *Institutes*, le jurisconsulte Paul, *Digeste, tit.* x, loi 10, etc.); c'est-à-dire, plus expressément, que de deux *cognats* (sexe à part) l'un doit être venu de N., père commun par un frère; l'autre par une sœur, ou l'inverse : témoin ceci pour exemple. Dans une donation qu'elle fit au monastère de Fontevrault, la célèbre Éléonore d'Aquitaine nomme Raoul de Faye son cognat *cognato nostro* (cartul. de *Fontev.*, tom. I, fol. 465; copie, *Bibl. roy.*) Or, Aimeri Ier, vicomte de Chatellerauld, marié deux fois, eut du premier lit Œnor, qui, épousée vers 1120 par Guillaume VIII (X), duc d'Aquitaine, lui donna la précédente Éléonore; du second lit Hugues III, puis Raoul de Chatellerauld (seigneur de Faye), père du Raoul de Faye précité.

AIMERI Ier,
vicomte de Chatellerauld.

1er lit, ŒNOR, femme de Guill. duc d'Aquitaine.	2e lit, 2° HUGUES III.	3° RAOUL de Chatellerauld, seig. de Faye.
ÉLÉONORE, duchesse d'Aquit.		RAOUL de Faye, *cognatus* d'Éléonore.

La conséquence est, en effet, comme nous l'avons exprimé, que les cognats sont des personnes (homme ou femme) qui viennent d'un auteur commun (il n'importe à quel degré) par un frère et par une sœur, compris le *vice versa;* ce qui, du reste, rend les individus en question cousins germains, issus de germains, et la suite : *Consanguinei qui vulgo cognati, germani appellantur. Charta communiæ Peronensis, ann.* 1207. Cousin remué de germain, *in chron. Fland., cap.* VI, *id est remotus gradu a germano* (Du Cange, *Gloss.*, tom.

II, p. 729), mais en tant que venus de frère et de sœur, puisque autrement le lignage serait masculin. Notez qu'il ne peut s'agir de deux sœurs, vu d'abord la définition précédente, ensuite l'étymologie de *cognat* (co-agnat), qui exclut tout parentage absolument féminin. — Pour que la cognation ait eu lieu entre Berthe et Léon IX, il faut nécessairement, d'après ce qu'on vient de lire, ou que Berthe soit descendue d'un propre comte du Nordgaw (famille de Léon IX), par une fille de ce comte, sœur de tel ou tel personnage ascendant du pape susdit, ou que ce même pontife soit venu d'un roi de Bourgogne (famille maternelle de Berthe) par une fille de ce prince, sœur aussi de tel personnage, ascendant de notre Berthe. — La première hypothèse est nulle, puisque les comtes du Nordgaw n'ont eu aucune des leurs mariée aux rois de Bourgogne, et dès lors ne sauraient avoir produit Berthe. La preuve en est que Conrad, aïeul de ladite Berthe par Mathilde, épousa, 1° Adèle, ou si l'on veut Adélaine, qui, nullement aïeule de Berthe, est exclue de toutes manières; 2° Mathilde, fille de Louis d'Outremer; que Rodolfe II, son père, eut pour femmes, 1° Emme, d'après Albéric (p. 259), dont ne provint qu'un fils mort jeune, et qui, n'ayant pas donné le jour à Conrad, aïeul de Berthe, se trouve écartée comme l'autre; 2° Berthe Ire, fille de Burchard, duc de Suabe (année 922, *voir* Hépidan); que Rodolfe Ier s'unit à Wille, nom totalement inconnu dans la famille d'Alsace; qu'il en est ainsi d'Hermentrude, mariée à Conrad le Jeune, comte de Paris, père de Rodolfe Ier; que Conrad le Vieux (père de Conrad le Jeune), aucunement issu de Welphe, comte d'Altorff, autre lieu que celui d'Alsace (*voir* l'art. des Capétiens), avait pour femme Adélaïde, fille de Welphe, duc de Bavière, et sœur de l'impératrice Judith (*ibid.*; fait encore tiré de l'oubli); enfin que la raison des temps s'y oppose (*voir* ci-après.) Ajoutez que Léon IX n'eut pas de tantes, et que des sœurs à lui connues (*Art de vérif. les dates*), Adélaïde fut mariée à Herman, fils de Godefroy, comte d'Ardennes; Bitzela se vit donnée à Hurtwig, comte de Calb; Odile et Gebba devinrent abbesses; enfin N., appelée ailleurs Ida, s'unit avec le duc de Suabe Ernest II. — Reste par conséquent la seconde, qui se résume en ce qu'un roi de Bourgogne fut l'auteur commun de Berthe et du pape Léon IX, par un fils quant à la première (fait certain), et pour l'autre, par une fille (ou la fille de cette fille), qu'aurait reçue en mariage tel ascendant dudit pape. — Rodolfe Ier du nom, que nous ne dépasserons pas, vu qu'autrement on arrive au IXe siècle, et qu'une parenté féminine qui daterait de cette époque n'aurait guère été de nature à revenir en mémoire vers le milieu du XIe, ne peut être l'auteur cherché, puisque Waldrade, sa fille aînée, eut pour mari Boniface, marquis de Spolette, dont nulle fille n'entra dans la maison de Nordgaw, et qu'il en est ainsi de la sœur (que Du-

3.

chêne appelle Wille) mariée à Boson, marquis de Toscane. — Le roi Conrad, son petit-fils, ne saurait l'être davantage, attendu que toutes ses filles, Gisèle, Berthe, Gerberge, Mathilde et Wille, se trouvent dans l'exception signalée, joint à ce que le degré ne convient aucunement. — Il s'ensuit que Rodolfe II (fils du précédent Rodolfe et mari de Berthe Ire) est le prince qui, second aïeul assuré par mâle de Mathilde, mère de Berthe IV, fut l'ascendant maternel du pontife dont il s'agit. — La seule fille provenue de Rodolfe II et de Berthe ayant été Adélaïde, nul moyen d'explorer ailleurs. —Cette même Adélaïde, d'abord mariée à Lothaire, fils de Hugues, roi d'Italie, mourut veuve d'Othon Ier (999); dès lors on ne saurait l'admettre. — Conséquemment il faut recourir à sa fille pour avoir celle qui, donnée à un auteur de Léon IX, sut procurer à ce dernier le parentage en question. — Cependant l'époux désigné ne saurait être nullement le père de Léon IX, puisque sa femme fut Hedwide, née de comtes (Dagsbourg ou Dabo) complétement étrangers aux rois de la Bourgogne Transjurane, joint à ce que ledit pape, venu au monde en 1002, ne saurait guère être né d'une fille provenue d'Adélaïde et d'Othon vers 951 (*voy.* plus loin.) — Donc il s'agit d'Éberhard IV, son aïeul, borne assignée, au surplus, par la raison filiative; c'est à savoir que ce comte avait épousé la fille d'Adélaïde et d'Othon. — Or, en conclusion finale, cette fille s'appelait Berthe, Éberhard ayant eu pour femme une Berthe (v. *supra*), et d'ailleurs telle ayant été la mère d'Adélaïde. — Berthold, petit-fils certain d'Othon par sa fille, et, vu son nom, fils d'une Berthe, n'a pu naître que de la Berthe fille d'Othon, qu'Éberhard IV épousa; donc, cet Éberhard fut son père.

On remarquera que Berthe (pourvue à quinze ou seize ans), étant morte femme d'Éberhard (*ibidem*), un premier lit de cette dame ne saurait être objecté.

Nota. Nous avons cité plus haut un passage de Lazius, où Berthold est dit nettement *cognatus* de l'empereur Othon III. C'est une preuve nouvelle, peu nécessaire d'ailleurs, que le premier était né d'une fille d'Othon Ier et de sa femme Adélaïde; puisque l'empereur Othon III étant petit-fils d'Othon Ier par les mâles, il n'a pu avoir Berthold pour *cognat*, que dans le cas où ce dernier serait provenu du même Othon Ier par les femmes; que ses tantes sont hors de cause (*voir* ci-dessus); en un mot, que la seule femme admissible est une fille quelconque du précédent Othon Ier.

On ne peut vouloir, sans doute, que Berthold ait été fils de Gérard, frère aîné de Léon IX et de Berthe, nièce du roi de Bourgogne, dont il s'est agi plus haut. En tous cas, nous dirons ici que la chose ne saurait être. Il suffit à ce propos d'observer que Léon IX a vu le jour en 1002; que Gérard, le premier des frères, a dû naître assez peu d'années avant, soit 990; qu'il n'aurait pu avoir Berthold que vers 1010 au plus tôt; que Berthold est décédé vers 1024; qu'alors il aurait vécu quatorze ans; bref, que cet âge ne peut s'admettre pour un comte qui, sans nulle contestation, a joué dans sa vie un grand rôle.

Quant au système inventé par feu M. de Rivaz, qui, appelant Berthold Gérard, s'abuse au point de l'estimer propre frère de Léon IX, il est déjà réfuté. Nous ajouterons seulement que ce dernier nomme son frère non pas Berthold, mais Gérard, et qu'il ne pouvait ignorer la différence de ces noms, puisque Berthold, évêque de Toul, avait été son gouverneur : *Hinc itaque decedente domino Bertholdo suo nutritore, succedenti Herimanno, etc.* (Vit. *S. Leonis.*)

Pour la cognation de Berthe et de Léon IX.

—

RODOLFE II, roi de Bourg., femme Berthe (1re).

1° Conrad, 2° etc.	5° Adélaïde, femme de l'empereur Othon Ier.	
1° etc. 6° Mathilde.	Berthe, 2e femme d'Eberhard IV.	
Berthe (IV), *cognata* de Léon IX, femme de Gérard, frère de ce pape, et mère d'autre Gérard, comte de Genève.	1° Hugues IV, marié avec Hedwide de Dagsbourg.	2° Berthold.
	1°, etc., 3° LÉON IX, *cognatus* de Berthe (IV).	Etc.

Nota. La plupart des historiens, savoir, entre autres, Duchêne, ont prétendu que Mathilde, sœur du troisième Rodolfe et mère de Berthe IV, avait épousé : 1° Baudouin III, comte de Flandre; 2° Godefroi d'Ardennes, qualifié comte de Verdun. C'est une erreur manifeste.

— Mathilde, fille de France, fut mariée au roi Conrad vers 955. — Rodolfe III, son premier fils, reçut le jour peu après. — Mathilde, quatrième sœur de ce prince, n'a pu naître que beaucoup plus tard, soit néanmoins 958. — Or, Baudouin III, comte de Flandre, est mort le 1er janvier, année 962 (*Annal.* de S. Bertin). — Donc Mathilde, sœur dudit Rodolfe III, ne peut avoir été sa femme, qui, du reste, suivant l'annaliste saxon et la généalogie de Flandre (*voir* Martenne, *Anecdot.*, tom. III, p. 280), était fille de Herman Billing, duc de Saxe; fait que semble favoriser la situation vers l'Escaut, d'Einham, sa propriété. — Cependant, il est certain que la femme de Baudouin III fut celle qui se remaria avec Godefroy d'Ardennes. — Donc la susdite Mathilde n'eut pas ce dernier pour mari.

Cette remarque est destinée à ceux qui voudraient chercher dans les maisons de Flandre ou d'Ardennes la cause du parentage que nous avons signalé entre Berthe et Léon IX. L'homme qu'épousa Mathilde se trouvant être inconnu, pas un argument réel ne saurait venir de là. Cette même obscurité peut néanmoins laisser croire qu'elle cache une objection; rien toutefois n'est plus vide. Nos motifs sont en premier lieu : que le texte invoqué portant : *nepte Rodulfi regis Jurensis,* après le mot *cognata,* témoigne que la parenté venait de l'oncle et non du père, vu qu'autrement on aurait écrit *filia* de tel ou tel. En second lieu, que preuve du contraire existe. On sait effectivement que la femme d'Othon Ier s'appelait Adélaïde; on sait aussi que la mère de cette dame était Berthe; puis encore que, indépendamment d'Othon II, l'empereur Othon Ier eut de sa femme susdite deux fils puînés morts jeunes, savoir Henri et Brunon (*Art de vérif. les dates*, tom. II, p. 12). Mais des cinq sœurs de Léon IX (*voir* ci-dessus) l'aînée devint Adélaïde; la femme d'Éberhard IV fut Berthe (et son fils Berthold). Avant de ceindre la tiare, Léon IX s'appelait Brunon; le troisième fils de Humbert, fils de Berthold, fut plus tard appelé Othon ou Odon : ainsi voilà quatre prénoms de la famille othonienne (Berthe, Adélaïde, Brunon et Othon), venus à celle de Nordgaw. Or, ces prénoms, très-évidemment étrangers, puisqu'on ne les retrouve plus, établissent une alliance puisée maternellement chez la première maison par l'autre; le parentage en question est sa conséquence obligée; donc tout cas différent ne vaut, car aucun effet n'a deux causes.

L'usage de relever tôt ou tard les prénoms de la famille soit paternelle soit maternelle, est certainement trop connu pour qu'il soit besoin d'insister. Dans l'espèce, par exemple, Berthold a porté ce nom à cause de sa mère Berthe, femme du comte Éberhard IV, et celle-ci dut le sien à la mère de sa mère; Adélaïde releva l'appellatif adopté pour la mère de son aïeule; Léon IX s'appela Brunon, parce que tel fut le nom du frère de son aïeule Berthe; enfin Othon (fils de Humbert) eut ce nom parce que Berthold, son aïeul, était petit-fils par sa mère de l'empereur Othon Ier. En somme, un des plus marquants est Brunon, tellement inusité dans la famille d'Alsace, que Léon IX paraît l'avoir porté seul, tandis que chez les Othon il s'en trouve un certain nombre, c'est à savoir notamment, outre celui qu'on a cité, le fameux archiduc Brunon (archevêque de Cologne), dernier frère d'Othon Ier : *Mathildem filiam Theodorici et Reinildæ, ex Witikindi regis tribu exortam, quæ regi Henrico* (l'Oiseleur) *peperit Ottonem* (I), *Henricum* (duc de Bavière) *et Brunonem* (Dithmar, *Merseburg. episc. Saxon.*). Voy. les tableaux suivants.

Le dernier montre par surcroît quelle a dû être l'origine des anciens comtes de Genève, si le second Gérard ayant laissé des enfants, ils furent ses successeurs, et combien grande est la méprise de ceux qui les ont considérés comme tige quant à la maison de Savoie. Leur principal motif a été que dans l'une et l'autre famille se rencontrent des noms pareils (Amédée, Aimon, Humbert, etc.) Mais quoi de plus naturel, puisqu'il s'agirait de deux branches? En tous cas, ces mêmes comtes ont défailli dans la personne d'Amé III, après lequel les évêques gouvernèrent seuls.

L'exposé qu'on vient de lire suffit sans doute à la cause, car, si nous ne sommes fort abusés, il contient preuve rigoureuse. Diverses considérations peuvent néanmoins se produire. En voici donc quelques-unes.

ROIS DE LA BOURGOGNE TRANSJURANE,

à partir de Rodolphe Ier, fils de Conrad le Jeune.

—

1° RODOLFE Ier, femme, Wille. 2°, etc.

1° RODOLFE II, femmes, 1re Emme, 2e Berthe, 2° etc.

1° CONRAD, femmes, 1re Adèle, 2e Mathilde de France, mort en 993. — 2° BURCHARD, évêque. — 3° RODOLFE, duc. — 4° ROBERT, archev. — 5° ADÉLAÏDE, femme de l'empereur Othon Ier.

Enfants de Conrad : 1° RODOLFE III, fem., 1re Agiltrude, 2e Hermengarde, mort en 1032, vivant encore en 1057. — 2° CONRAD. — 3° GISÈLE, fe de Henri II, duc de Bavière. — 4° BERTHE, fe de Eudes, comte de Blois. — 5° GERBERGE, fe de Herman, duc de Suabe. — 6° MATHILDE, fe de N..... — 7° WILLE, fe de Ratburn, Vte de Vienne. — BERTHE, fe d'Éberhard IV, comte du Nordgaw, et mère de Berthold.

Fille de Mathilde : BERTHE, fe de Gérard, frère de Léon IX.

COMTES DU NORDGAW,

à partir d'Éberhard IV, fils de Hugues.

—

1° ÉBERHARD IV, femmes, 1re N., 2e Berthe, fille de l'empereur Othon et d'Adélaïde, fille de Rodolfe II, roi de Bourg., mort vers 970 ou 972. — 2° HUGUES. — 3° GONTRAN.

Enfants d'Éberhard IV : 1er lit, 1° HUGUES III. — 2e lit, 2° HUGUES IV, femme Hedwide de Dagsbourg. — 3° BERTHOLD, petit-fils de l'emper. Othon par sa mère Berthe, mort vers 1024.

Enfants de Hugues III : 1° ÉBERHARD V. — 2° MATFRID, comte. — 3° GÉRARD, comte, fe Cuniza.

Enfants de Hugues IV : 1° GÉRARD, fe Berthe, nièce de Rodolfe III. — 2° HUGUES. — 3° BRUNON (Léon IX), né en 1002. — 4° Etc.

Enfants de Berthold : 1° HUMBERT Ier. — 2° Etc.

Suite d'Éberhard V : Etc., suite des Ctes du Nordgaw.

Enfants de Gérard : 1° GÉRARD, Cte de Genève. — 2° HUGUES VI.

Suite de Gérard, Cte de Genève : Etc.

Suite de Humbert Ier : Etc., suite des Ctes puis ducs de Savoie.

I. Rien ne s'oppose à ce que Berthe, fille d'Adélaïde et d'Othon, ait réellement épousé le susdit Éberhard IV, puis à ce que plusieurs enfants soient provenus de ce mariage, c'est à savoir, notamment, Hugues, père de Léon IX, et Berthold.

Sur le premier point, en effet, on sait qu'Adélaïde étant veuve, devint femme d'Othon Ier vers la fin de 950; et vu qu'Othon II, leur fils, ne fut pas le premier enfant, puisque l'année de sa naissance est 955, Berthe a pu venir tout d'abord, soit en 951, joint à la raison connue que, dès la première année, Adélaïde accoucha (*Laguille*, Hist. d'Als., p. 140). Il n'est pas moins admissible qu'en 966 ou 967, âgée de quinze à seize ans, elle a pu, comme sa mère, contracter un premier hymen, et même épouser Éberhard, s'il est établi que ce comte existait au temps voulu.

Or, dans un acte relatif à la fondation d'Altorff, monastère qu'Éberhard IV et Hugues III, son fils aîné (1er lit), ont certainement institué, nous lisons (*voir* Grandidier, *Hist. d'Als.*, tit. 350) : *Locus erat in Alsatia qui dicitur Altum-Cœnobium... vulgo Altorff appellatur.... Eberhardus, comes, Alti-Cœnobii hujus commoditatem advertens sæpius biduo et triduo in eo commoratus est... sæpe proposuit monachico ordini sese velle Deo laudes parare. Sed cum præveniente ægritudine et morte sequente impediretur* (versus annum 970; *note* de l'écrivain cité), *filius ejus Hugo qui erat aliquantulum raucus, quoniam sæpe intellexerat voluntatem paren-*

tis, cœpit in suprà memorato loco ædificare ecclesiam (anno scilicet 972 vel 973. *Note* du même), etc. — Ce n'est donc pas avant 970 que mourut Eberhard IV, ni même avant 972, puisque vers cette même époque l'église abbatiale d'Altorff fut construite par Hugues III; que peu après, *anno ut est probabile* 974, dit Grandidier (*ibid.*, tit. 350, note *n*), l'évêque de Strasbourg (Erkembald; depuis 966 jusqu'en 991) vint consacrer le nouveau temple; en un mot, que Hugues sachant, comme on le voit dans la pièce, quel était le vœu de son père, ne dut pas attendre longtemps pour y donner satisfaction, lorsque surtout on observe que le propre fondateur avait déjà commencé l'œuvre: 1152... *Fridericus Dei gratia Romanorum rex....... unde donationes quas antecessor noster pius Otto imperator Eberhardo* (*V*, petit-fils d'Éberhard IV), *quondam comiti concessit..... scilicet fas.... jus... in quodam suæ proprietatis allodio quod dicitur Altorff, in quo avus* (Éberhard IV) *et pater ipsius Hugo* (III) *abbatiam construxit, etc.* (Gall. christ., *tom. V, inst.*, p. 483). Voir également plus haut le nécrologe d'Altorff, qui, après avoir nommé Éberhard, Berthe, sa femme, Hugues, puis un autre Hugues, frère de l'autre, ajoute: *Hi fuerunt fundatores monasterii.* Toutefois, ce n'est pas encore assez dire, si, comme l'affirme Calmet (Hist. de Lorr., p. clxxxvij), Éberhard (IV) est nommé avec Bennon ou Benoît, lequel était abbé d'Altorff, dans un diplôme d'Othon II, nécessairement postérieur à 973, cette même année étant celle où finit Othon Ier. Notez qu'il ne peut, en ce cas, être question d'Éberhard V, attendu que Hugues, son père (fils aîné d'Éberhard IV), est mort en 986, temps où ledit Éberhard devint comte de Nordgaw, et qu'Othon II ne vivait plus en 983.

Cela déduit, le second point n'offre aucune difficulté, tout le monde comprenant qu'un individu marié en 966 ou 967, et mort vers 970, 972, ou même après 973, non toutefois de vieillesse, mais de quelque maladie : *prævenienle ægritudine*, peut avoir eu deux ou trois fils, d'autant mieux que Hugues Ier (mort vers 940) dont il était le premier-né, l'ayant vu jeune chasseur (*Vit. S. Deic.* Act. SS. ord. *s. Bened.*), l'époque de sa naissance (soit environ 920) indiquerait que son mariage, qui, d'ailleurs, fut le deuxième (*voir* plus loin), aurait eu lieu par conséquent vers sa quarante-sixième année. Seulement les fils en question devaient se trouver en bas âge quand le père décéda; circonstance qui, notamment pour Berthold, dernier fruit d'un nouvel hymen, contribua, sans doute, à l'ombre où son origine est restée.

Il faut observer aussi que le second Hugues, nommé par le nécrologe d'Altorff comme un fondateur du couvent (c'est Hugues IV, père du pape Léon IX, et frère aîné quant à Berthold), serait vainement cherché dans la pièce relative à la propre fondation (*voir* ci-dessus); preuve qu'il n'y concourut pas alors, et comme il devint pourtant fondateur, que sa tendre jeunesse en fut cause, fait dénotant un second lit (voir *ibid.*). Disons encore, à ce propos, que ce Hugues n'ayant pu être un des fondateurs primitifs, mérita seulement ce titre, pour avoir donné plus tard quelque domaine aux religieux : témoin ces mots de la bulle accordée par Léon IX au monastère d'Altorff : *Bona a nostris parentibus* (père et mère) *concessa*, opposés à ces premiers relatifs à l'abbaye même : *A nostris progenitoribus* (aïeul et aïeule) *constructam*. Il est du reste assez clair que le nécrologe disant tous les fondateurs morts et déposés dans l'église (construite subséquemment), cette pièce est à coup sûr postérieure à la fondation; par suite de quoi Hugues IV, bien qu'enfant à cette première époque, peut néanmoins y avoir la susdite qualité.

Observations. Nous avons écrit plus haut que l'empereur Othon Ier devint mari d'Adélaïde en l'année 950. Ce n'est pas l'opinion de tous, puisque 951 se fait lire en autre lieu. Nos motifs ont été, 1° que l'Art de vérifier les dates mentionnant la guerre d'Othon dans le royaume d'Italie sous l'année 950, ajoute qu'Adélaïde, remariée aux fêtes de Noël, suivit son époux en Saxe au mois de février suivant, et par conséquence obligée en 951, chacun sachant que, toujours, Noël tombe au 25 décembre; 2° que si d'ordinaire la chronique de Réginon marque le séjour des conjoints dans leurs États d'Italie sous 952, une variante imprimée (*Monument. Germ.*, tom. Ier) porte 951; ce qui rejette le mariage à l'année 950. Ce n'est pas tout néanmoins, puisqu'une date antérieure et, dès lors, donnant plus de marge, peut encore être assignée. Elle est 948, et se voit dans un discours très à considérer, d'ailleurs, qui, demeuré longtemps manuscrit, a paru l'année dernière (*Hist. Patriæ monument.; Scriptores*, col. 976). En voici les expressions : *Fu dal pontifice Agapito e da altri gran prelati e personaggi Italiani chiamato in Italia Ottone; il quale vi venne del* 948... *cavo di prigione la regina Adelaida... la prese per moglie, et ritorno in Germania, etc.* (del *historico discorso*, lib. 1). — Il a été dit plus haut qu'Othon Ier mourut en 973. L'ouvrage qu'on vient de citer recule d'une année cette mort : *ritornato poi Ottone col figliolo in Germania, pieno di gloria, non molto tempo appresso del* 974 *mori.* (ibid., *col.* 977). S'il en était ainsi, les diplômes de 973, qu'on attribue à Othon II, devraient être restitués à son père.

N'oublions pas d'avertir que l'Art de vérifier les dates est fort éloigné d'être exact à l'article d'Éberhard IV, confondu par cet ouvrage, avec tel autre Éberhard, et qu'on dit père d'enfants qu'il n'eut jamais. La note de son trépas qu'on y trouve ainsi marquée : 18 décembre 967, est spécialement contredite, vu que, dans le nécrologe d'Altorff, les mots : *Ob. Eberhardus, comes, etc.*, se lisent sous la rubrique : *Die 4 septembris*, comme, au surplus, dom Calmet l'a lu de même (*loco citat.*), bien que sur ce personnage il n'ait pas mieux rencontré que l'Art de vérifier les dates.

Nous savons parfaitement que le domaine de Selz fut octroyé par Othon à sa femme Adélaïde en 968, et que l'acte disant ce bien situé dans le comté de Hugues (fils aîné d'Éberhard IV), non moins aussi que dans l'Alsace, on a cru pouvoir en conclure que le père de ce comte était mort l'année précédente. Mais ceci n'a aucune force, par la considération avouée (*Art de vérif. les dates* et autres), qu'assez longtemps avant sa fin, Éberhard IV abdiqua en faveur de Hugues, son fils, et dès lors se contenta de vivre en particulier dans sa propre terre d'Altorff. Ajoutons que si le comte Hugues commença l'église d'Altorff en 972, son père, unique possesseur du domaine et de l'abbaye, a conséquemment vécu jusqu'à la susdite époque.

En tous cas, femme d'Éberhard, Berthe ne fut que la seconde. Les motifs à donner sont : qu'au temps où décéda ce comte, Hugues, son fils et successeur (mort vers 986), était déjà homme fait; que le nécrologe d'Altorff, ayant nommé ce même Hugues, après Éberhard (IV) et Berthe, s'abstient de le dire leur fils, bien qu'il n'oublie pas d'exprimer qu'un autre Hugues, aussi noté, se trouvait être son frère; que l'acte proprement relatif à la fondation d'Altorff ne dit rien de

Hugues IV; preuve qu'il était enfant, et, dès lors, d'un second lit, comme nous l'avons fait entendre, vu qu'en autre état de cause on l'eût d'autant moins oublié que le susdit nécrologe, postérieurement rédigé, le classe avec les fondateurs; bref, que divers chronologistes donnent à Éberhard IV une femme qui ne saurait être Berthe, puisqu'ils l'appellent Éadive : « Les mémoires de Thierri disent que la femme du comte Éberhard était fille ou sœur d'Adalbert, comte de Metz, qui fut tué par un certain Ido, l'an 944, comme il est rapporté dans le continuateur de Réginon. » (*Benoît, Hist. de Lorraine*, p. 141).

II. A différentes époques, Berthold fut comte de Maurienne (vers l'an 1000; *voir Guich.*), puis de Genève, marquis en Saxe, *vicarius* pour l'empereur, *pro-rex* au royaume d'Arles, etc. (*voir* ci-après). Tout cela suppose : 1° que, vers ladite année 1000, il était d'un âge assez mûr pour commander une province; 2° que son existence a dû n'être pas trop courte. Or, ces deux nécessités cadrent avec notre thèse, qui, dès lors, peut en recevoir certaine force auxiliaire. On peut remarquer, en effet, que, né d'Éberhard IV et de Berthe vers 968, Berthold avait 32 ans à l'époque susénoncée, et que, mort vers 1024 (ou, selon d'autres, 1027), il eût terminé sa carrière à 54 ans au moins. En tous cas, même observation pour le père de Léon IX (comme frère aîné de Berthold), puisque le pontife nommé, peut-être dernier enfant sur huit, a vu le jour en 1002, et que son père, venu au monde vers 966 ou 967, l'aurait eu à 36 ans, soit encore un peu plus tard.

III. Le crédit dont jouissait Berthold à la cour des rois de Bourgogne, lequel, d'ailleurs, d'une explication peu facile, a servi de thème à ceux qui le voudraient considérer comme issu de leur famille, se justifie également par ce que nous avons exposé, d'où présomption en sa faveur. Si, de fait, Berthold eut pour mère Berthe, fille d'Adélaïde, tante de Rodolfe III, il était, quant à ce dernier, cousin issu de germain. Quoi de plus simple, dès lors, que ce prince ait mis en ses mains les affaires de son royaume, vu surtout que ses deux femmes ne lui donnèrent pas d'enfants?

IV. Il est généralement avoué que, surtout dans ses premiers livres, la chronique française de Savoie est un véritable roman; aussi n'avons-nous pas même songé à lui emprunter nos moyens. Ayant reconnu, toutefois, par un certain nombre d'exemples, qu'au fond de ces vieux récits, dont se berçaient nos ancêtres, il existe presque toujours un reflet de vérité, c'est-à-dire, en d'autres termes, que leur substance, plus ou moins défigurée, loin d'être absolument fabuleuse, a pour base quelque tradition, nous l'avons lue dans cet esprit. Or, on y trouve ces passages :

« Na pas grant temps quen escripvant les gestes des papes et des empereurs ie moi trouay a la chrognique de Ottauian, le quel fust au temps de la naissance de Jhesus Crist... et la trouay comment le dit Ottauian estoit partis de Enee, etc...

Maiz en suyuant les dittes gestes ie trouay que de ligne en ligne les ducz et les signieurs de Saxogne, dont apres illy eust trois Ottes empereurs, s'y partirent du dit Ottauian et de la lignée de Enee : et qui plus en vouldra enquerir, ie ly reponz que tous sumes partis dAdam et de Eue, nos premiers peres et meres.

« Maiz pour mieulx declayrier la verite de la condesendence, iay troue que, en lan de la naissance de notre signieur Jhesus Crist deux cent quarante deux, il eust a Colongne ung roy durant le temps de Giordain lempereur, et soubz lEglise au temps du pape Fabien XIX pape, et le premier en nom, le quel roy eust a nom Ezeus, et sy avoit a femme vne tres noble femme et dame la quelle eus a nom Elayne, et sy auoyent estes nouellement faiz cristiens, etc...

« Au chief de IX moys la royne Helayne sy accoucha dung filz : maiz tant y eust qu'il naisquit tout bossu... Le roy loa Dieu... et le mist a nom Theseus, etc...

« Et pour abregier notre matere, le dit Theseus eust trois filz de sa femme Yzobie, et vne fillie : lung deux fust heritier du patremoyne de lempereur Giordain, et lautre fust duc de Brunsivil, et lautre fust duc de Saxogne... Et ainsy de lignye en lignye vindrent les ducz de Saxongne jusques a Otto et a son frère, qui puis fust empereur comme le verres apres aulx crogniques de Sauoye; lesquels signieurs sont issus de Saxogne, etc......

« Otte de Saxongne, le tiers empereur par succession, fist Hugues son frere duc de Saxongne; lequel Hugues eust trois filz, c'est assauoir Volrich, Friderich et Berauld, etc. » (*Hist. patriæ monument., scriptorum, tom.* Ier, pp. 4, 6 et 46.).

Que si l'on demandait maintenant de quel usage raisonnable peuvent être ces paroles, nous rappellerions d'abord qu'à leur sens, Octave, contemporain du Christ, était descendu d'Énée, celui-ci venu de Troie, et les empereurs Othon issus de ce même Octave, donc également Troyens d'origine; que l'an 242, à partir de l'ère chrétienne, il existait à Cologne un roi nommé Ézéus, dont la femme était Hélène; que ces conjoints eurent pour fils Théséus, dont Isobie, fille de l'empereur Gordien, fut l'épouse; que de leur troisième fils sont issus les ducs de Saxe, jusqu'à certain Othon et son frère; enfin, que cet Othon de Saxe, tiers empereur, donna la Saxe à son frère Hugues, dont le troisième fils fut Bérauld.

Nous répondrions ensuite, non sans étonner quelque peu, que, sauf les noms chimériques et les histoires étranges débitées à leur propos, le fond de l'ensemble est loin de mentir aux faits réels.

Chacun peut savoir, en effet, ce que raconte l'Énéide, et conclure à l'égard d'Octave.

Par les descendants d'Énée, tige des empereurs Othon, il s'agit de la famille dite plus tard mérovingienne, qu'une foule d'anciennes chroniques a tenue pour originaire d'une colonie troyenne, échappée au sac de sa ville : opinion traitée de rêve, mais pas si fausse qu'on le croit, puisque, sans avoir eu pour guides Hunibald, l'abbé Trithème, son promoteur, et consorts, il nous a été démontré que le premier siége des Francs fut la vieille Pannonie; que cette contrée reçut une émigration troyenne, puis, après nombre d'années, un essaim de Celtes gaulois; en un mot, que les chefs sicambres, ancêtres de Mérovée Ier, sont précisément ceux-là qui amenèrent la première et ramenèrent le second sur la rive gauche du Rhin; toutes choses développées, aussi froidement que possible, dans notre chronologie manuscrite, dont le présent travail fait partie. Seulement, comme il appert, Octave n'était pas leur auteur. Voyez, pour citer un exemple tiré de la maison d'Alsace, ce passage assez remarquable : *Hugo de Daesberg moritur, Trojanum illum Alexandrem pulchritudine, virtute vero Hectorem representans.* (Chron. *saxonne.* Il s'agit d'un personnage nommé Hugues, comte de Dagsbourg ou Dabo, petit-neveu de Léon IX, et mort en 1123.)

Ézéus, roi de Cologne, est Sigebert le Boiteux, petit roi de cette ville, et consanguin de Clovis (par un frère de Mérovée). Il n'est pas besoin d'ajouter que l'an 242, qu'on assigne et pour son règne et pour sa conversion à la foi, n'a aucune réalité. Il faudrait, dans notre hypothèse, 496 environ.

Le précédent Théséus (né bossu, dit la chronique) est, sans doute, Clodéric, fils du Sigebert en question, et de qui l'appellatif, également écrit Clodebaud, semble avoir pour origine quelque infirmité native.

Les ducs et seigneurs de Saxogne, provenus de ligne en ligne d'un fils né de Théséus, sont les ancêtres du Henri qu'on surnomma l'Oiseleur, premier César dit Saxon (fils d'Othon l'Illustre, duc de Saxe), lesquels ancêtres, vu cette dénomination même, procédaient de saint Arnoul (*voy.* plus haut), et conséquemment de la tige qui forma les Mérovingiens.

Quant aux seigneurs de Savoie issus de Saxe par Bérauld, troisième fils de Hugues, frère d'Othon, la chronique invente moins qu'elle ne confond les choses. Si, en effet, par Bérauld on veut désigner Berthold, ce dernier étant non pas neveu (*nepos*) d'Othon, tiers empereur, par son père (Hugues), mais petit-fils (*nepos*) de ce monarque par sa mère, une certaine vérité se rencontre dans le récit. Notons encore : 1° que lorsqu'on fait Bérauld fils de Hugues, l'erreur n'est pas absolue, puisque Berthold, fils d'Éberhard IV, fils de Hugues (comte en Alsace, Nordgaw), était, dès lors, petit-fils de ce dernier; 2° que Bérauld est donné pour *troisième* fils (de Hugues), et que Berthold fut, au réel, *troisième* fils d'Éberhard IV; 3° qu'Othon est dit tiers empereur par succession, et que ce prince fut vraiment troisième empereur élu; de toute manière, il est faux que le Hugues en question, soit qu'on le veuille regarder comme père d'Éberhard IV, soit encore qu'on le tienne pour étant celui de Bérauld, ait été frère à nul titre de l'empereur Othon Ier. Si, au contraire, par Bérauld, la chronique susénoncée entend parler d'Éberhard IV, elle ne s'égare pas en le faisant fils de Hugues, sauf qu'Éberhard était l'aîné de ses frères Hugues et Gontran; mais alors, ne pouvant plus être ni neveu ni petit-fils d'Othon Ier, on lui aurait attribué le parentage afférent à son troisième fils Berthold, au lieu de le désigner comme gendre du même prince.

La conclusion de ces remarques est que, sans chercher l'histoire dans l'ouvrage dont il s'agit, on peut du moins le citer comme écho de la tradition toujours fondée sur quelques faits, et confirmant, à son insu, l'origine par nous donnée, puisqu'à travers ses Troyens, son Ezéus, roi de Cologne, ses Othon, etc., il arrive implicitement à l'antique maison de France.

Nous n'ajouterons pas à ces preuves celles qu'on a voulu tirer de l'identité prétendue entre les armes de Saxe (celles des empereurs Othon), savoir, *d'or à l'aigle de sable membrée et becquée de gueules*, et l'écusson de Savoie, attendu: 1° que ces armes sont les insignes de l'Empire, adoptés par Othon Ier, quand ce roi de Germanie devint empereur à son tour; 2° que, *fascé d'or et de sable* (six pièces), étaient celles de Saxe ancien, témoin l'écu d'Othon, duc de Saxe (père de Henri l'Oiseleur), sans oublier toutefois que, plus anciennement encore, elles furent, mais à faux, *de gueules au cheval gay d'argent* (Palliot, p. 54), c'est-à-dire les armoiries mêmes qu'on donne au fameux Witikind; 3° que l'aigle de sable en question a toujours offert deux têtes; 4° que si l'aigle est marquée sur quelques monnaies de Savoie depuis Thomas Ier au moins, elle n'a qu'une seule tête, et que l'écu de Witikind, mis quelquefois, longtemps après, sur la poitrine de cette aigle, doit témoigner seulement que les princes qui en usèrent se tenaient issus des Othon, et que cette race croyait représenter Witikind. Quant au blason véritable, on ne saurait guère en juger; cependant, nous inclinons fort à croire que ses émaux étaient le sinople et l'or (*voir* la chron. citée col. 77), puisqu'une aigle en faisait partie.

Les raisons à donner seraient, si toutefois on veut permettre de remonter jusque-là, thèse moins décidée qu'on ne croit (*art.* de Robert le Fort), que Pépin le Gros avait pour emblème : *de sinople semé d'aigles d'or* (J. Boisseau); Robert le Fort : *d'or à l'aigle de sinople, à la bordure de France* (Palliot); Eudes, son fils : *d'or à l'aigle de sinople, couronnée d'argent* (J. Féron, *Rec. des Connet.*); Hugues le Grand de même, sauf en plus une *bordure semée de fleurs de lis d'or* (id. *et Villanus, Hist. de Toscane*); enfin, Hugues Capet comme son père, aux 1 et 4, aux 2 et 3, *d'azur semé de fleurs de lis d'or sans nombre* (idem).

Je sais fort bien qu'on a dit et qu'on dira derechef que ces formules héraldiques sont nées plusieurs siècles après l'époque dont il s'agit. Assurément; mais de ce que Boisseau, Féron, Palliot, Villanus et autres ont cru devoir les employer, est-ce un motif suffisant pour nier le fond de la chose? Les emblèmes remontent bien haut, témoin les hiéroglyphes. Quant aux couleurs, elles ne datent pas d'hier. En ce qui touche la transmission, je crois avoir lu quelque part que la famille *Corvinus* affecta longtemps le *corbeau*, qui, noir, si par hasard il n'était blanc, serait dit aujourd'hui *de sable*, sans que probablement le fait en souffrît la moindre atteinte.

Une chose très à remarquer, au surplus, c'est que Brunon, évêque de Toul, devenu pape sous le nom de Léon IX, et qui, certes appartenant à la famille d'Alsace, était, selon notre exposé, propre neveu de Berthold, portait, lui : *d'argent à trois rocs de gueules*, AU CHEF DE FRANCE (Boisseau, *tabl.* 2e partie, p. 2); tout donne à croire, en effet, que les trois rocs étaient les armes des comtes de Dagsbourg ou Dabo (forteresse qui couronnait un des plus hauts pics de l'Alsace), dont Hugues IV, père certain de Léon IX, avait épousé l'héritière et pris le nom; or, le *chef de France* resterait comme témoignage notoire que ledit pape se tenait pour issu de Pépin le Gros, conformément aux termes de sa bulle (1049, pour S.-Arnoul), déjà relatée par nous à l'article de Lorraine, fait applicable à Berthold, son oncle, côté paternel.

Quant aux armes que présente le blason actuel de Savoie, et qui s'expriment ainsi : *de gueules à la croix d'argent*, les discuter en ce lieu ne paraît guère opportun, attendu, certainement, qu'elles sont armes d'adoption, et qu'on n'en saurait rien tirer ni pour l'origine saxonne, ni pour nulle autre. Voici, du reste, une conjecture nouvelle, qui, démontrée, servirait au principal.

Il s'agit de saint Humbert, vivant sous Childéric III (environ 742), et que l'historien de sa vie dit né d'Évrard (Éberhard) et de Popita, son épouse, qui *de stirpe Francorum* tiraient leur illustre origine. La chose consiste en ce que, si, selon quelque apparence, les dates convenant fort bien, le père de saint Humbert fut Éberhard, fils d'Adalbert, fils d'Adalaric, *alias* Ethico, duc d'Alsace, provenu de Drogon Ier (ligne cadette), cette particularité deviendrait également une raison à produire, après avoir fait remarquer, contre certains chronologistes, que dans le style d'alors les mots *stemma*, *stirps*, *progenies Francorum*, servaient toujours à marquer la propre race des rois francs. Au surplus, tel est le passage : *Temporibus Hildrici* (Childéric III), *qui inter Francigenas monarchiam tenebat regni, sacerdos Domini egregius et confessor claruit emeritus, sanctus videlicet Humbertus... genitor quidem ejus beatus Evrardus, genitrix vero Popita, claram de stirpe Francorum originem duxere*, *etc.* (Vit. *s. Humberti*, *apud Bolland.*, *XXV martii. Rec. des hist.*, tom. III, p. 587). Ceci expliquerait, d'ailleurs, pourquoi le cardinal Humbert, voué dès sa naissance à l'Église, porta ce nom que de même reçut Humbert aux blanches mains. (*Voy.* la suite.)

III.

La preuve que Pépin le Gros a formé la maison d'Alsace, se trouve amplement déduite à l'article de Lorraine. Ne pouvant la reproduire par des raisons analogues à celles qu'on a données à propos de Robert le Fort, il faut nous borner ici : 1° à faire observer qu'ayant établi d'abord que, par ce dernier personnage, Berthold, considéré seul, appartenait au sang de France; ensuite, qu'il était provenu de la maison dite d'Alsace : il en résulte forcément que c'est le prince nommé qui procréa cette dernière; 2° à remémorer le passage suivant, extrait de l'article indiqué : *Majoris Chunonis* (Conrad le Salique) *mater Adalberta... vel Adelheyta, ex nobilissima gente Lotharingorum orriunda fuit. Quæ Adelheyta soror erat comitum Gerhardi et Adalberti... quorum parentes, ut fertur, de antiquo genere Trojanorum regum venerant, qui sub beato Remigio confessore, jugo fidei colla supponebant*, *etc.* (Vit. *Conradi Salici. Wippo*, *Rec. des hist.*, tom. XI, p. 2), en ce que bien évidemment la famille de Clovis est désignée par l'auteur, et que Pépin le Gros étant de cette famille (*art.* des rois carliens), dire la maison de Lorraine (ou d'Alsace) appartenant à Clovis, est exprimer tout du moins qu'elle était de même race que le Pépin en question; 3° à rappeler la bulle déjà citée du précédent Léon IX, qui, sans nulle incertitude, né dans la maison d'Alsace, affirme nettement la chose.

Nous croyons devoir finir cette partie du travail par laisser entendre au lecteur, car ceci est également une sorte de bon témoignage, que certains faits relatifs à la maison de Savoie, et ne présentant que ténèbres, s'expliquent d'après nos dires avec une grande clarté; c'est à quoi peuvent satisfaire les considérations que voici.

La race qui nous occupe est déclarée dans un concile du même sang que Charles VII, tant du côté masculin que du côté féminin (*latere utroque*; voir plus haut). Mais puisque Robert le Fort provenait de Pépin le Gros par Théodoric Ier, son quatrième aïeul paternel, et qu'Adalaric-Ethico (frère puîné de ce dernier), auteur de la maison d'Alsace, et par conséquent celui de la race précitée, était, comme nous l'avons exprimé, troisième rejeton mâle du même Pépin le Gros, la sentence dont il s'agit n'est-elle pas justifiée?

La même est dite ramifier chez l'ancienne maison de Saxe, origine présentant une impossibilité manifeste pour qui songe à la tirer de la propre ligne othonienne, et par elle de Witikind, bien que ce chef appartînt à la race de Clovis, fait curieux déduit par nous à l'article d'Aquitaine, appuyé à cet égard sur deux raisons corrélatives, c'est à savoir : 1° qu'Aldane, mère assurée de saint Guillaume, sortait de la maison royale, non moins que Théodoric II, son mari : *Ambo de summis Franciæ principibus* (Vit. *sancti Willelmi; int. Act. SS. ord. s. Bened.*); 2° que cette dame avait pour père Witikind (*voir* Zampini et autres). Mais les comtes de Savoie étant un rameau d'Alsace; les princes de ce nom, ducs d'Alsace, se nommant aussi ducs de Saxe; bref, leurs aïeux paternels ayant été dits Saxons (*voir* le second paragraphe), n'a-t-on pas accusé juste?

Enfin, elle était assise au banc des électeurs de Saxe, fait que Guichenon exprime en ces termes : « Et de là vient que les ducs de Savoie, dans le rang, séance et voix délibérative qu'ils ont aux assemblées et diètes impériales comme les autres princes de l'Empire, sont incorporés avec la maison électorale de Saxe. » (*Tom.* Ier, p. 171). Mais encore, *ab antiquo,* chacune des deux familles avait une tige commune, était même issue de frères, *ex sanguine germano;* et comme c'est de l'aîné que provenaient les électeurs, de là leur priorité.

Tout ce que nous avons pu découvrir sur l'origine de Berthold étant ci-dessus exposé, les seuls points restant à prouver sont, d'abord, que divers actes le mentionnent et le font connaître; ensuite, que réellement Humbert Ier fut son fils. Or, c'est ce qui résultera des textes qu'on va pouvoir lire.

Pour Berthold. — *Rodolfus Dei gratia Burgundiorum rex... Quod quidam fideles nostri, videlicet conjux nostra Hermegondis regina, Bertholdus quoque et Rodulphus comites, etc.* (donat. de Rodolfe III, roi de la Bourgogne Transjurane, au monastère de S.-Maurice en Chablais; arch. de ce monast.; *Guich., preuv.*, p. 2). — Voir plus haut un des passages extraits des actes de Bâle, où il se lit : ... *origine a Beroldo saxonie, etc.* — Voir encore la citation empruntée à Lazius, qui, déjà transcrite, porte : *Beroldus Saxoniæ comes, Ottonis tercii imperatoris cognatus, etc.* — *Bertholdus, comes, firmavit, etc.* (concess. du roi Rodolfe, au monast. de S.-Maurice; *Guich. preuv.*, p. 3). — Concession à Romain-Moutier (1009 à 1010), faite par Rodolfe III, roi de la Bourgogne Transjurane, et l'archevêque Burchard :... *his præsentibus Anselmo episcopo, Lamberto comite, Willingo, Rodulfo, Berthaldo, Udolrico, et Adalberto* (Cibrario, p. 33 et suiv.); si ce Berthald est Berthold, comme il faut le croire, attendu qu'on trouve plus tard (après 1011) : *Bertholdus quoque et Rodulfus comites* (*voir* ci-dessus).

Nota. Il se pourrait que les deux derniers souscripteurs de cet acte, savoir, Udolric et Adalbert, aient été les fils d'Hermengarde, femme de Rodolfe III (*voy.* plus loin à cet égard). Willingo, le premier nommé, était, sans doute, fils de Wille, dernière sœur dudit Rodolfe. Ce serait une considération à joindre à ce que nous avons exposé relativement au nom de Berthold, en tant que provenu de Berthe.

POUR LE MÊME ET HUMBERT Ier... *Necnon regnante et principante... Humberto primo comite Mauriamensi filio illustris Beroldi de Saxonia, etc.* (Reg. annivers. de la cathéd. d'Aoste, déjà cité, *Cibrario*, p. 348.) — Voyez plus haut le passage du concile de Bâle, commençant ainsi : *In die Epiphanie, etc.*, où se lit, quant à Berthold : *qui primo fuerat comes Mauriane, inde Gebennensis filiusque Sabaudiæ, etc.*, en ce qu'énonçant que Berthold fut comte de Maurienne, et son fils comte de Savoie, il témoigne que les comtes de ces provinces, fils de Humbert, étaient bien ses descendants. — *Beraldus de Saxonia, pro-rex Arelatensis pro rege potentissimo Rodulfo, et ab augusta majestate Imperii creatus vicarius, etc... Actum in loco Tallueris, laudante domino meo imperatore et genito meo carissimo Umberto, anno M. XX... + Beroldus + Umbertus filius* (Charte pour le monastère de Talloire. *Martenne, Thes. anecd.*, tom. 1, p. 140. Cette pièce a été attaquée notamment à cause du *pro-rex*, mais défendue dans l'*Art de vérifier les dates*.) — *Beraldus igitur de Saxonia... uxorem suam nomine Catherinam cum Umberto ejus primogenito ad se venturos mandavit, etc.* (Chron. latine de Savoie.) D'après ce dernier texte (et d'autres considérations), Berthold eut plusieurs enfants; mais il ne suffit pas encore de passer à leur déduction, vu que, dès les premiers degrés, se rencontre un nouveau problème, qu'on nous saura, peut-être, gré d'avoir aussi résolu, puisque le point en question est un des moins clairs de la cause, et que plusieurs divergences augmentent la difficulté.

Guichenon, l'auteur des Généalogies historiques et autres, énoncent que Humbert Ier eut pour fils Amédée Ier, mort en 1047, une année avant son père; Burchard; Aymon, évêque; une fille; enfin, Odon (censé mort en 1060), qu'Adélaïde de Suze, héritière de sa famille, épousa. Ils ajoutent qu'Amédée Ier n'eut qu'un fils, appelé Humbert, qui mourut jeune, avant son père; que Burchard demeura sans hoirs; de sorte que ledit Odon remplaça Humbert Ier, et lui-même pour successeur, eut Amédée II, son fils, père de cet autre Humbert qu'on surnomma *le Renforcé*.

L'*Art de vérifier les dates*, et M. de S.-Marc notamment (*voir son Hist. d'Italie*), retranchent les degrés d'Odon et d'Amédée II, son fils, par la raison que les chroniques ne signalent qu'un seul Amédée, et regardent, au contraire, comme fils de Humbert Ier, dont il serait le successeur, Amédée Ier, dit *la Queue*, puis ce dernier, comme père de Humbert le Renforcé, d'où les comtes subséquents.

Si tout, dans ces exposés, n'est pas absolument faux, une partie offre, du moins, de graves aberrations. A l'égard du premier système, *voir* plus loin l'article d'Odon ou Othon. Quant à la seconde opinion, elle tombe devant les faits, joints à la certitude acquise que les deux comtes Amédée sont parfaitement distingués, non-seulement par leurs actes, mais encore par leurs femmes, l'une s'appelant Adèle, l'autre Jeanne de Genève (*voir* leurs articles).

Ces bases une fois détruites, il s'agit de réédifier. Or, voyez à cet égard la suite généalogique qui, soutenue de ses preuves, va se dérouler ci-après. Nous disons donc que, pour enfants, le comte Berthold eût :

— 1° Humbert Ier du nom, qui sera bientôt mentionné.

— 2° Théobald, évêque (Maurienne). La raison qui nous le fait croire frère de Humbert Ier, est une charte transcrite dans le rapport déjà cité (*Cibrario*, p. 95), en ce que le comte Humbert et l'évêque Théobald y font une donation commune, mentionnent des parents communs, et parlent en nom collectif : *Ego Humbertus, comes, et Theobaldus, episcopus Maurianensis, pro remedio animæ nostræ et parentum nostrorum, donamus omnes possessiones et justicias et injusticias quas habemus in illis possessionibus, etc.* La date est incertaine, et jugée 1007 ou 1008 (huitième année de l'emp. Henri II), mais il semble qu'on doit admettre deux ou trois années de plus; le motif est que Théobald (né vers 989) devait avoir 21 ou 22 ans lorsqu'il contractait comme évêque, bien que, par un abus de ces temps, on vît quelquefois des mineurs occuper le siége des églises. De toute manière, il est sûr que l'évêque Théobald a pu naître de Berthold, venu au monde vers 968, décédé vers 1024, observation applicable à son frère aîné, Humbert (*voir* ci-après.)

Humbert Ier.

XXIV. Les motifs qui justifient son extraction de Berthold se trouvant déduits plus haut, nous n'avons rien de plus à dire, sinon que les dates produites concordent avec le récit. Rien ne s'oppose, en effet, à ce que le comte Berthold, né vers 968, marié vers 987, ait eu Humbert en 988, qui, mort, dit-on, en 1048, aurait vécu 60 ans. Il devint comte de Maurienne, puisque telle est la province dont, vers l'an 1000 (*Guich.*, *voy.* plus haut), Berthold eut le gouvernement; et que l'empereur Conrad le confirma dans ce poste, auquel même fut ajouté, comme don, S.-Maurice, le Chablais et le pays Valaisien. Un texte précédemment cité (*Act. du conc. de Bâle*) fait entendre que pendant la vie de Berthold, premier comte de Maurienne, puis encore de Genève, il fut préfet de la Savoie; on peut du moins assurer que son autorité s'étendait sur la précédente contrée, puisque, sans la confirmation de personne, il fit aux moines de Cluny la concession d'un héritage sis dans le comté savoisien. On met sa mort en l'année 1048, comme nous venons de le dire (d'autres reculent cette époque). Marié avec Ancillie, plusieurs enfants lui naquirent, témoin ces divers extraits : — Donation de Humbert Ier à l'église de Cluny : *Ego Humbertus, comes, et filii mei quorum nomina hic habuntur : Amedeus, Aymo, et Oddo* (Guich., *preuv.*, p. 5). — Autre donation à Cluny sous l'aveu du comte Humbert... *Signum Umberti comitis; sig. Amedei filii ejus; sig. Buchardi; sig. Oddonis; sig. Aymonis, etc.* (Ibid., p. 5). — Donation faite à l'église du Bourget par le même et ses enfants : ... *Ego igitur Humbertus, comes, et filii mei Amadeus, Aymo et Oddo, etc... Sig. Humberti comitis, sig. Amedei; sig. Aymonis; sig. Oddonis, filiorum ejus, etc.* (Ibid., p. 6). — ... *Ego Humbertus, comes, et filii mei Amadeus et Odo... Sig. Amedei comitis; sig. Odonis, etc.*, année 1040 (*Ibid.*, p. 7). — Concession faite par Burchard à l'église de S.-André (Vienne) : ... *Ego in Dei nomine Buchardus et filius meus nomine Aymo... pro remedio animarum nostrarum... et domini Humberti comitis et uxoris ejus Hanchilla, seu pro remedio patris et matris meæ, et Ermengardis uxoris meæ, etc.* (Guich., *ibid.*, p. 7). — Donation faite par le comte Humbert aux chanoines de S.-Ours d'Aoste : ... *Sig. domni Huberti comitis, qui donationem istam fecit et firmare rogavit. Sig., etc... + Odo firmavit et laudavit. + Amedeus comes firmavit. + Aymo Sedunensis episcopus laudavit et firmavit. + Brochardus, filius Huberti comitis, laudavit et firmavit et corroboravit. + Petrus marchio filius Oddonis marchionis et comitisse*

5.

Atalelde laudans firmavi, année 1040. (*Hist. patriæ monument., chartes*, tom. Ier, p. 530.) Les enfants de Humbert Ier furent donc :

— 1° Amédée Ier, dont l'article se va lire.

— 2° Burchard, qui d'Ermengarde, sa femme, eut Aymon, décédé sans hoirs, et que Humbert Ier dit *nepos* (Donat. à S.-Jean de Mau. Guich., *preuv.*).

— 3° Aymon, évêque (Sion), mort en 1046.

— 4° Odon, qui viendra.

Amédée Ier.

XXV. Nonobstant l'opinion contraire, nous estimons que ce prince, comte du vivant de son père (*voir* ci-dessus et plus bas), devint comte de Maurienne après lui, comme en témoignent divers actes (*Art de vérif. les dates*). Il fut surnommé *la Queue*, sobriquet assez étrange, qui ne peut guère s'expliquer par le motif qu'on assigne. Sa femme, nommée Adèle, et faussement confondue avec Adélaïde de Suze, que nous mentionnerons plus loin, ne lui donna qu'un fils (Humbert), dont la fin précéda la sienne, ainsi qu'on va l'établir. Sa mort eut lieu, non pas en 1047, selon le sentiment de ceux qui, par intérêt de système, le font mourir avant son père, mais vers 1077 au plus tôt, époque où Humbert II (*le Renforcé*) parvint au comté de Maurienne. La preuve de l'assertion est qu'en la susdite année il reçut magnifiquement l'empereur Henri (IV), mari de Berthe, sa nièce, et nullement sa propre sœur, malgré le récit qu'a fait naître la confusion introduite entre sa personne et celle de l'autre Amédée, fils d'Odon. Voici, quoi qu'il en soit, les textes justificatifs de nos dires. — Donation d'Amédée Ier au prieuré du Bourget : ... *Ego Amedeus filius Uberti comitis, et Adalgida uxor mea, etc... Sig. Uberti comitis; sig. Anciliæ uxoris ejus; sig. Amedei comitis; sig. Adilæ uxoris ejus, etc.*, année 1030 (*Guich., ibid.*, p. 8). — Autre donation au même prieuré : ... *Noverint cuncti... quod ego comes Amedeus et uxor mea Adela donamus... pro animarum nostrarum salute et pro requie filii nostri Uberti animæ, etc... Sig. domini comitis Amedei, et ejus illustrissimæ conjugis Adelæ, etc.* (Guich., *ibid.*, p. 8). Cet acte est le document qui fait voir qu'avec Humbert, seul fils d'Amédée Ier, cette ligne s'est éteinte. Il ne saurait être douteux, en effet, que par la phrase ainsi conçue : *pro quiete filii nostri Uberti animæ*, le comte Amédée exprime que son fils Humbert était mort (vers 1030, date de la charte antérieure), puisque si, de fait, on donnait *pro remedio* des vivants, donner, et surtout prier *pro quiete* de quelqu'un, signifie toujours qu'il n'est plus. Il nous faut même ajouter que Humbert n'avait pas d'enfants, vu que, d'abord, son père le mentionne seul; ensuite, que, dans l'autre cas, c'est à son fils qu'eût appartenu l'héritage du comte Amédée (aïeul), bien qu'on ait à citer plus tard une dérogation au principe, tandis que, en réalité, le successeur immédiat du prince qu'on vient de nommer fut Humbert le Renforcé, petit-fils de son frère Odon (*voir* plus loin). Quant à l'assertion exprimée dans l'*Art de vérifier les dates* sur la foi d'un écrivain qui, du reste, s'est mépris au point de considérer Humbert comme un sujet sans aïeux, artisan de sa fortune, on a lieu de s'étonner que les auteurs de cet ouvrage aient aussi mal interprété la charte ci-dessus produite, laquelle, d'environ 1030, leur eût fait voir que le Humbert mentionné comme défunt ne saurait être aucunement Humbert II (*le Renforcé*), devenu comte de Maurienne après 1077, et même encore qualifié *marchio in Italia*.

Odon ou Othon.

XXV. Ce prince est le personnage fort important, à plusieurs titres, pour l'histoire qui nous occupe, que l'*Art de vérifier les dates* supprime comme chimérique, et que Guichenon admet pour successeur (1048) du comte Humbert Ier, vu la mort antécédente d'Amédée, son frère, et de Humbert, son neveu, ajoutant qu'après la sienne et celle du marquis Pierre, fils aîné, son autre fils, Amédée, devint comte de Maurienne; de manière qu'à son avis l'ordre des premiers comtes serait : Humbert Ier, son quatrième fils Odon, puis enfin Amédée (II), second fils de ce dernier. On va voir ce qu'il faut penser de ces diverses assertions.

1° Le marquis Odon ou Othon, et celui même

qui, pour femme (vers 1032), eut Adélaïde de Suze, fille du marquis Mainfroy (*Magnifred*), ou Adalaric, et de Berthe, fille d'Albert, marquis d'Yvrée, naquit de Humbert Ier. C'est ce qu'une charte ignorée, ou du moins inaperçue, décide avec autorité, contre le sentiment de ceux (entre autres, M. de S.-Marc) qui tiennent Odon, fils de Humbert, pour différent de l'homonyme qu'Adélaïde épousa, par la raison, disent-ils, que la qualité de marquis n'est donnée dans aucun acte au précédent fils de Humbert : ... *Ego Odo marchio, Dei gratia, amore Dei patris omnipotentis pro remedio animæ meæ patris mei Humbertus comes* (*sic*), *etc.*, année 1051. (Donation du marquis Odon à l'église de Tarentaise; *Hist. patriæ monument.*, *chartes*, tom. I, p. 572.)

2° Jamais Odon ne fut comte de Maurienne. Les preuves en sont, d'abord, que, dans les actes nombreux où ce personnage figure, soit lui-même, soit rappelé par sa femme, on lit toujours, non pas *comes*, mais bien *Odo marchio*, ou le nom seul. — Donation faite à l'église de Novalèse, en Piémont, par Adélaïde de Suze : ... *Domina Adelaida comitissa, filia quondam Odolrici Magnifredi cum filiis suis Petro et Amadeo, pro remedio animæ suæ ac parentum suorum et mariti sui Odonis, dedit Deo, etc.* (Guich., *preuv.*, p. 8). — Donation des églises d'Oulx et de S.-Just de Suze, faite par le marquis Odon, Adélaïde, sa femme, Pierre et Amédée, leurs fils : ... *Ego Odo et uxor mea Ada-*

laisis... seu pro redemptione parentum nostrorum, etc... hanc donationem ego Odo et uxor mea Adalaisia et filii mei Petrus et Amadeus et filiæ meæ, etc... Odo marchio donat et firmat; Adalais comitissa firmat, etc., année 1057 (*Guich.*, *ibid.*, p. 10); ensuite, qu'Amédée Ier, fils et successeur de Humbert, ne décéda certainement qu'après 1077 (*voir* plus haut), et qu'en l'année 1060, Odon était déjà mort. — Donation faite à l'église de Turin, par Adélaïde, veuve : ... *Adalais comitissa, filia quondam Oldrigii sive Magnifredi, vidua quondam Oddonis marchionis, dat.*, *etc.*, année 1060 (*Guich.*, *ibid.*, p. 14). — Fondation de l'abbaye de Pignerol par Adélaïde : ... *Ideoque Adeligia... comitissa... pro anima mea ac anima D. Manfredi marchionis genitoris mei... et Bertæ genitricis meæ, et anima D. Odonis marchionis viri mei, etc.*, année 1064 (*Guich.*, *ibid.*, p. 14 et suiv.). — Notice du marquis Pierre : ... *In judicio residebat dominus Petrus marchio, filius quondam bonæ memoriæ item Oddonis marchionis, simul cum domina Adheleida comitissa matre sua, etc.*, année 1064 (*Guich.*, *ibid.*, p. 22).

3° Le marquis Pierre, premier-né du marquis Odon, et le comte Amédée, second fils, ne furent pas plus que le père, titrés comtes de Maurienne. (*Voir* ci-après leurs articles.)

4° C'est du marquis Odon que descendent tous les comtes, les ducs et les rois subséquents. Voyez quant à ce dernier point la déduction qui va suivre, degrés par degrés, jusqu'à Thomas Ier du nom, borne assignée à nos recherches, par la raison que plus loin il ne saurait guère exister que des erreurs sans importance.

Odon avait cessé de vivre avant l'année 1060. Voyez l'acte ci-dessus transcrit, où sa femme, Adélaïde, s'en dit veuve à cette époque, laquelle veuve, au surplus, n'était pas encore morte en 1088 : — Donation d'Adélaïde au monastère de S.-Soluteur à Turin : ... *Ideoque ego qui supra Adelegida comitissa dono et offero... pro mercede et remedio animæ meæ, et animarum quondam Manfredi marchionis genitoris mei, et quondam Bertæ comitissæ genitricis meæ, seu quondam Petri, itemque marchionis, sive quondam Amedei comitis filiorum meorum*, *etc.*, année 1088 (*Guich.*, *ibid.*, p. 21). Il est bon de remarquer que l'Adélaïde en question s'intitule toujours comtesse, non-seulement dans ses actes, mais encore dans tous ceux où elle nomme Odon marquis, et que, durant la vie du père, son fils aîné se qualifiait aussi marquis. N'en pourrait-on pas conclure que, loin de provenir des biens qu'elle avait apportés en dot, comme d'ordinaire on l'estime, ces titres eurent pour principe le gouvernement (amovible) de quelque marche, conféré tant au père qu'à son fils par l'empereur Othon III, ou le dernier roi de Bourgogne ? Cela est d'autant plus à croire, que le temps des marquisats vint plus tard. La charge conférait le titre, qui, personnel et révocable, cessait avec elle; cette donnée une fois admise, l'explication serait facile. Ainsi donc Adélaïde, fille de Mainfroy, marquis (bénéficiaire) de Suze, ne devint pas plus marquise en héritant de ses biens, qu'elle ne l'était mariée avec Odon, marquis semblable. Que si on la nomma comtesse, la cause en fut probablement tel ou tel comté privé, comme il en était, sans doute, de sa belle-fille Agnès, qui, femme de Pierre, marquis, se qualifiait aussi comtesse. Quant au titre de marquis en Italie ou d'Italie, que prit Humbert le Renforcé, mais, néanmoins, toujours après le *comes Mauriennæ*, c'est à l'empereur Henri IV, mari de Berthe, sa tante, qu'il en dut la possession, résultat de l'investiture. Pour ce qui est des marches italiennes (Suze, Turin, etc.), lesquelles étaient, peut-être, celles qu'avaient eues Odon et Pierre, il faut observer à l'appui, qu'avant l'octroi mentionné, Henri IV en avait repris l'effectif, que son fils Conrad les reçut, et qu'après la rébellion de ce prince, il les ressaisit de nouveau vers 1097. Or, les dignités amovibles étant devenues successives, telle serait la raison par quoi tous ses descendants se qualifièrent comme lui. Les enfants connus d'Odon et de sa femme Adélaïde furent selon l'ordre suivant :

— 1° Pierre, appelé marquis avant la mort de son père. En 1064 il était encore au monde, ainsi que son frère Amédée. — Fondation de Pignerol :... *Ideoque ego Adelheyda... comitissa... offero*, etc..

Sig. + *Petri; sig.* + *Amedei*, etc., année 1064 (*Hist. patriæ monument.*, *chartes*, tom. Ier, p. 607); mais était déjà défunt en 1078. — Donation faite à Pignerol, par Agnès, alors veuve du marquis Pierre :... *Ego Agnes, filia quondam Guillielmi Pictaviensis comitis, et relicta olim nobilissimi marchionis Petri*, etc., année 1078 (*Guich.*, *preuv.*, p. 23), et même depuis longtemps, témoin le *relicta olim* que nous venons de transcrire (M. de S.-Pons a écrit vers l'an 1070). C'est ce qui sert à montrer que le comté de Maurienne ne fut jamais son partage, Amédée Ier, fils et successeur de Humbert, étant encore plein de vie en l'année 1077 (*voir* plus haut). — Donation faite aux chanoines de Ste-Marie à Suze, etc., par la comtesse Adélaïde, veuve du marquis Odon, et la comtesse Agnès (de Poitiers), aussi veuve du marquis Pierre, année 1083. (*Hist. patriæ monument.*, *ibid.*, p. 664). Il ne laissa que 2 filles.

— 2° Amédée II, dont l'article va s'exposer.

— 3° Berthe, mariée à l'empereur Henri IV.

— 4° Othon, lequel, évêque d'Asti, cessa de vivre en l'année 1103 (*Généal. hist.* Ajoutez 2 ou 3 filles).

Amédée II.

XXVI. Ce personnage fut comte, ainsi qu'en témoignent ses actes, mais nullement de Maurienne, puisque son père et son frère n'eurent pas cette province (*voir* ci-dessus), joint à ce que, s'il survécut à sondit frère, elle ne lui est pas advenue par la raison donnée plus haut à l'égard du marquis Pierre. Guichenon (*Preuv.*, p. 17) rapporte en effet un acte délivré par Adélaïde en 1075, pour l'abbaye de Pignerol, où ne figure aucun des frères, bien qu'ordinairement l'un et l'autre souscrivissent à ses chartes. C'est la preuve qu'il n'était plus, d'autant que dans les suivantes nulle mention n'en est faite. Or, comme nous l'avons dit plus haut, le comte Amédée Ier, comte certain de Maurienne, ne décéda qu'après 1077. Amédée avait épousé (*Généal. hist.*) Jeanne, fille de Géraud, alors comte de Genève, à l'appui de quoi peut venir l'acte subséquemment rapporté, où son petit-fils Amédée paraît, ayant pour tuteur un autre comte de Genève. Ses enfants furent :

— 1° Humbert II, qui va suivre.

— 2° Constance, mariée au marquis de Montferrat, savoir, Boniface II (*Généal. hist.*).

— 3° Lucrèce, femme d'André Visconti, comte de Milan (*ibid.*).

Humbert II.

XXVII. C'est ce prince qui, par la mort sans enfants d'Amédée Ier, dit *la Queue*, fils du comte Humbert Ier et son unique successeur, lequel ne cessa de vivre qu'après 1077 ou bien 1089, joinit le comté de Maurienne et les autres biens des aînés (S.-Maurice, le Chablais, le Valaisois, le Bugey), à ceux du marquis Odon, ainsi qu'aux États d'Italie, patrimoine d'Adélaïde. Cette agglomération fait voir qu'il devint beaucoup plus *fort* qu'aucun de ses prédécesseurs. Or, le surnom de *Renforcé*, que ses contemporains lui donnèrent, n'aurait-il pas cette cause, plutôt que les prétendus motifs tirés de son embonpoint, les termes le *Gros* ou le *Gras*, assez en usage alors, semblant, dans cette hypothèse, avoir dû être préférés? Il s'intitulait comte et marquis tant pour le comté de Maurienne que pour les marches d'Italie. Quant à la question de savoir si le précédent Amédée fut véritablement son père, c'est ce qu'en opposition à l'*Art de vérifier les dates* ceci va pouvoir décider.

1° Il était petit-fils d'Odon et d'Adélaïde. — Donation faite par Humbert II au couvent de Novalèse :..... *Ego Umbertus Maurianensis comes et Italiæ marchio... confirmamus etiam dona quæ eidem dilecto monasterio avia domina nostrâ Adelaida comitissa contulit, alpem scilicet Margeriæ, alpem Clarariæ*, etc., année 1093. (Guich., *preuv.*, p. 26. Voir en témoignage, *ibid.*, p. 8, la donation de ces montagnes, réellement opérée par Adélaïde de Suze, preuve qu'il s'agit bien d'elle.)

2° Son père fut le comte Amédée (fils d'Odon et d'Adélaïde, frère cadet du marquis Pierre). — Donation au prieuré du Bourget : *Notum sit omnibus... quod Humbertus nobilissimus comes at-*

que marchisus....., dedit.... in primis pro remedio animarum patris sui Amedei, etc., année 1097 (Guich., *ibid.*, p. 27). — Donation à l'abbaye de Pignerol par Humbert II :... *Ego Humbertus comes, filius quondam Amedei*, etc., année 1098 (Guich., *ibid.*, p. 28). — Notice de la fondation du prieuré d'Inimont en Bugey :... *Dominus Umbertus nobilissimus comes, qui cognominatus est Reinforciatus, dedit Deo*, etc. (Guich., *ibid.*, p. 28), texte rapporté seulement pour montrer qu'il s'agit bien de Humbert *le Renforcé*. Notons que dans le premier acte cet Humbert est qualifié petit-fils d'Adélaïde, et, par suite, que nul doute n'existe sur l'Amédée dit son père dans les suivants. Il avait épousé Guisle, fille de Guillaume II, comte (Bourgogne), et mort en 1103 (*Généal. hist.*). Il laissa de nombreux enfants, savoir :

— 1° Amédée IIIe du nom, qui va suivre.

— 2° Guillaume, évêque (Liége), mort en l'année 1130.

— 3° Humbert, mort en 1131.

— 4° Gui, abbé de Namur.

— 5° Renaud, prévôt (église de S.-Maurice), mort en 1140.

— 6° Alix ou Adélaïde, mariée à Louis VI, roi de France, puis au connétable Matthieu, baron de Montmorency (*voir* Duchêne).

— 7° Agnès, femme d'Archambaut VI, sire héréditaire de Bourbon.

AMÉDÉE III.

XXVIII. Ce prince, comte de Maurienne, et de plus marquis d'Italie après Humbert le Renforcé, devait le jour à ce dernier, comme nous l'avons écrit. — Octroi de biens fait au prieur d'Abondance, par l'abbé de S.-Maurice :... *Per consensum Amedei filii Uberti comitis, et tutoris ejus Aymonis Gebennensis comitis*, etc., année 1108 (Guich., *ibid.*, p. 29). — Concession d'Amédée III à l'église de S.-Maurice : *Notum sit omnibus quod Amedeus comes et marchio, et Maies comitissa uxor ejus, et Humbertus* (III) *eorum filius... propter hoc humiliter petierunt, ut ipsi et comes Humbertus pater comitis Amedei*, etc., année 1143 (Guich., *preuv.*, p. 34). — Charte du comte Amédée III, pour l'abbaye de Rivalta (Piémont) : *Ego Amedeus Refortiati filius, ac Dei gratia Burgundiæ et Lombardiæ comes, neposque* (arrière-petit-fils) *comitissæ Adelaidæ, et hereditario jure successor... pro redemptione nostræ animæ et meæ aviæ* (bisaïeule, puisque son père était petit-fils de la même), etc. (Guich., *ibid.*, p. 34). Indépendamment des titres qu'on voit en tête, il s'intitulait comte (*ibid.*) de Bourgogne et de Lombardie. La raison administrée (*Généal. hist.*) est que la Savoie, la Maurienne, la Tarentaise et le Bugey furent les principaux membres du royaume de Bourgogne, puisque Turin et le Piémont tenaient à la Lombardie. Plusieurs écrivains prétendent qu'il contracta deux mariages; d'autres le nient, par le motif qu'on ne saurait attribuer à la seule Mahaut d'Albon les sept ou huit enfants nés de lui. Un acte cité plus haut, où la femme d'Amédée III figure sous le nom de *Maies*, semble favoriser ceux-ci, à moins toutefois que Maies ne soit le diminutif ou la contraction de Mahaut, qu'ailleurs on voit écrit Mathilde. Il cessa d'être en 1149, laissant de Maies, sauf restriction, et de MAHAUT *alias* Mathilde d'Albon (*Généal. hist.*) :

— 1° Humbert III, dont il va s'agir.

— 2° Jean, religieux (abbaye de Bauvers en Piémont).

— 3° Pierre, religieux (*ibid.*).

— 4° Marguerite, religieuse.

— 5° Mathilde, mariée avec Alphonse Ier, roi de Portugal.

— 6° Julienne, abbesse (Vienne, couvent de S.-André).

— 7° Agnès, femme de Humbert, comte de Genève. On ajoute Alix, épouse du sire de Baujeu (Humbert III).

HUMBERT III.

XXIX. Humbert III, surnommé le Saint, eut, comme ses prédécesseurs, et le comté de Maurienne et les marches d'Italie. On a déjà vu la preuve qu'il était fils d'Amédée III. C'est ce qu'expriment encore les textes dont voici l'extrait : Concession d'Amédée III au couvent de Rivalta :

notum sit... quod ego A, *comes et marchio, cum uxore mea comitissa, videlicet* M, *laudante filio nostro Umberto*, etc., année 1137 (Guich., *ibid.*, p. 33). — Concession faite par le même à S.-Sulpice (Bugey)... *Ego Amedeus, comes et marchio pro consulatus honore... quam pro anima filii mei Umberti*, etc. (Guich., *ibid.*, p. 35). — Donation du même prince au monastère de S.-Just, à Suze:.. *Nos ego Amedeus, Dei gratia comes et marchio, filiusque Umberti* (II) *comitis et marchionis, et Umbertus* (III) *suus filius... cognovimus etiam sereniss. et bonæ memoriæ comitem Umbertum* (II), *genitorem nostrum, nec non et Odonem gloriosum marchionem et prudentissimam comitissam Adelegidam*, etc., année 1147 (Guich., *ibid.* p. 36). — Notice d'Amédée, évêque (Lausanne), touchant certaine donation faite par le comte Humbert III : *Cum Amedeus* (III) *illustris comes et marchio, Humberti* (III) *comitis pater, et alterius Humberti* (II) *filius*, etc. (Guich., *ibid.*, p. 38). Mort en 1188, il eut quatre femmes, savoir : Faidise de Toulouse, Germaine de Zeringen, Béatrix de Vienne, enfin Gertrude de Flandre. Ses enfants furent entre autres :

— 1° Agnès, accordée avec le roi Jean-sans-Terre.

— 2° Éléonore, mariée en premières noces à Gui, comte de Vintimille; en secondes, à Boniface, marquis de Montferrat.

3° Thomas Ier, dont l'article se va déduire.

Thomas Ier.

XXX. Pour donner satisfaction à l'engagement contracté, il nous suffira d'établir que le comte Thomas Ier fut fils de son prédécesseur. C'est ce qui va résulter de ces derniers documents : — Notice de la donation faite par Amédée III, avec la confirmation des comtes Humbert et Thomas : *Notum sit... quod Amedeus* (III), *comes et marchio Mauraniensium, dedit Deo*, etc... *Illud idem Umbertus* (III), *comes et marchio Mauraniensium, dedit*, etc... *Hoc donum et hanc guerpitionem fecit Umbertus* (III), *comes, ejus filius* (d'Amédée III). *Item ego Thomas* (Ier), *comes, filius Umberti* (III) *comitis, eandem donationem facio*, etc. (Guich., *ibid.*, p. 38). — Donation de Thomas Ier, faite à S.-Jean de Maurienne :... *Confirmo propterea prædictis canonicis donum comitis Humberti* (II) *bonæ memoriæ, abavi mei*, année 1189, etc. (Guich., *ibid.*, p. 44). — Confirmation par le même des biens que ses prédécesseurs avaient déjà concédés à l'abbaye de Novalèse :... *Ego Thomas, comes Maurianensis et marchio Italiæ..., confirmo donum quod antecessor meus Umbertus* (II), *comes, bonæ memoriæ, fecit ecclesiæ Novalicii... Confirmamus etiam dona quæ eidem dilecto monasterio domina nostra comitissa Adelaysia, atavia nostra, contulit, alpem scilicet Margeriæ, alpem Claravæ, et cætera...* (Guich., *ibid.*, p. 48). Notez que ce dernier acte seul établit le fait en question, puisque le comte Thomas y qualifie Adélaïde, femme du marquis Odon, *atavia*, quant à lui; mot qu'à tort quelques écrivains ont rendu par bisaïeule, vu qu'il s'agit évidemment du 5e degré maternel, et que, sans contestation, tous les souverains de Savoie qui, jusqu'à ce jour, ont régné, viennent de ce même comte.

Etc., etc. Suite des comtes et ducs de Savoie devenus rois de Sardaigne.

CONJECTURE.

Hermengarde (ou Ermengarde), femme de Rodolfe III, roi de la Bourgogne transjurane, et seconde, assure-t-on, avait contracté, sans nul doute, un mariage antécédent, dont étaient provenus deux fils qu'elle vint recommander à l'empereur (Henri II) : *Fuit quoque ibidem Rodulfi regis inclyta conjunx, quæ, familiaritatis hujus adjutrix, filios suimet duos senioris autem sui privignos, Cæsari commendavit* (*Dithmar*, rec. des Hist., tom. X, p. 132; l'Annal. saxon, *Glaber*, etc.).

Le premier sentiment émis par Chorier (*Grande hist.* du Dauphiné), est que Humbert aux blanches mains fut un des fils d'Hermengarde et de son premier mari Manassès, comte de Savoie, dit-il. Dans leur excellent travail publié en 1833, sous ce titre : *Documenti*, *sigilli*, etc., MM. Louis Cibrario et Dominique Promis, reproduisent cette opinion avec les développements qu'ils ont cru devoir lui donner; toutes choses exprimées par eux en ces termes :... *Noi ci restringiamo a conchiudare, 1° che nello stato attual delle cose i documenti e gli scrittori contemporanei sembrano dimostrare in modo quasi sicuro, che Umberto Biancamano fosse figliuolo della regina Irmengarde, e del primo marito di lei; 2° che dai documenti medesimi si può lodevolmente congetturare, che il primo marito d'Irmengarde fosse Manasse, conte di Savoia e di Nyon* (Rapp. p. 72).

Quelle que soit l'autorité des savants qu'on vient de citer, nous sommes loin, comme on l'a vu, de croire avec eux que Humbert était un fils né d'Hermengarde et d'un comte Manassès. Cependant nous estimons fort qu'un parentage existait entre Hermengarde et Humbert. Mais à quel titre et comment? C'est ce qu'on ne saurait décider, vu que rien ne le révèle. Restent dès lors les présomptions. En conséquence, voici les nôtres.

Nous avons dit que Hermengarde, remariée à Rodolfe III, roi de Bourgogne (après 993, temps où décéda Conrad, mais avant l'année 1011, époque de la donation que lui fit le même Rodolfe, voir ci-dessous), vint solliciter l'empereur pour ses deux enfants (premier lit). — Dithmar et la chronique saxonne mettent sous l'année 1016 l'époque de cette entrevue (à Strasbourg). — Les deux susdits enfants d'Hermengarde étaient déjà hommes faits, puisque l'empereur précité leur donna, comme bénéfice, telle et telle de toutes les places qu'il avait reçues de Rodolfe : *et dilectis sibi militibus, hoc totum dedit in beneficium, quod*, etc. (*loco citato*; *Généal. hist.*, tom. VI, p. 189), et que la *recommandation* seule en témoigne, vu qu'en ce cas il s'agissait de pouvoir à conférer, lequel pouvoir exigeait qu'on fût d'âge à porter les armes. — Ils étaient nés par conséquent vers 986. — Otez environ 17 ans, afin de connaître le temps où la mère vint au monde, reste en ce cas 969. — Or, maintenant, cette année est celle qu'il faut à peu près pour que Hermengarde ait pu être fille d'Eberhard IV et de Berthe, autrement sœur de Berthold ; donc l'hypothèse est admissible. Quant à la raison de croire, c'est ce qui pourra résulter des considérations suivantes.

1° Le précédent Rodolfe III ayant fait à Hermengarde la donation absolue de plusieurs biens considérables (24 avril 1011), savoir, le comté de Vienne (retiré plus tard), celui de Salmorenc, Ain, Anneci, Ronda, Pons-Regale, partie d'Evenant, Neufchâtel, Averniacum et Arins : *Rodolfus..... rex... notum sit.... qualiter ego jugali amore attractus.... dono dilectissimæ sponsæ meæ Irmengardi*, etc... *Data... anno ab incarnat. Domini* MXI, etc. (Cibrario, pp. 15 et 16). La terre d'Aix notamment, et divers droits sur Chambéri, advinrent, après la mort d'Hermengarde, aux descendants de Humbert : *A confortar siffata opinione gioverà pur l'osservare, che dopo la morte d'Irmengarde, la qual sopravisse molt' anni ad Umberto, le terre d'Aix e di Ciamberi da lei possedute, quelle appunto che erano più vicine allo stato ereditario di lui, passarono in podestà de' suoi discendenti* (Rapp. *cité*, p. 49). Notons pourtant que Chamběri n'advint de cette façon qu'en partie, puisque, en 1232, le comte Thomas Ier acheta du propriétaire, savoir, Berlion de la Rochette, non-seulement le château, mais encore ses droits sur la ville.

2° Dans une charte pour l'abbaye de Talloire, octroyée par Hermengarde (*voir* ci-dessus), non moins aussi que dans l'acte en vertu duquel le roi Rodolfe et sa femme fondent le prieuré de Lemens (*Guich.*, preuv., pp. 4 et 5), Humbert a souscrit le premier. Voyez également un autre acte de l'archevêque Léger (Vienne), passé du consentement d'Hermengarde, déjà veuve de Rodolfe (*Terraneo*, observ. sur Humbert aux blanches mains), sans omettre que, dans une donation d'Hermengarde au monastère de Cluny, Humbert est dit son avoué :.... *Ego Ermengardis regina*..... *dono itaque per advocatum meum comitem Hubertum*, etc. (Cibrario, *rapp.* p. 102).

3° L'empereur auquel Hermengarde recommanda ses enfants était Henri II dit le Saint, petit-neveu d'Othon Ier par Henri le Querelleur, frère puîné de ce monarque.

4° La mère d'Éberhard IV s'appelait sûrement Hildegarde (*vit.* s. Deicoli), si toutefois le vrai nom n'était pas plutôt Hermengarde; conjecture d'ailleurs croyable, lorsqu'on sait que

Éberhard, Évrard, Gérard, puis Berthold, Bérold, Gérold, etc., etc., se rencontrent souvent mis l'un pour l'autre, et même que la propre Hermengarde est appelée *Irainside* dans un ancien monument (*Duchêne*, Hist. de Bourg., liv. II, p. 163), et par Rodolfe lui-même Irmingarde (*voy.* plus haut). Or, maintenant, si Hermengarde était sœur du comte Berthold, père de Humbert Ier, quoi de plus naturel, en effet :

Que de voir ses petits-neveux (fils de Humbert) posséder, après sa mort, une partie des héritages qu'elle avait reçus de Rodolfe ?

Que les susdites souscriptions et le : *per advocatum meum comitem Hubertum*, vu qu'il s'agissait d'un neveu participant aux actes d'une tante, dont, sans doute (*voy.* plus loin), il était même le principal héritier, ou bien encore délégué pour ses affaires; chose d'autant moins surprenante que les deux fils d'Hermengarde ne se trouvant ni souscripteurs dans les actes assez nombreux qu'on a d'elle, ni mentionnés nulle part, sauf le cas ci-dessus marqué, tout porte à croire qu'ils moururent peu après 1016, ou du moins avant elle-même ; fait que semble confirmer celui de la possession d'Aix par d'autres, cette terre étant, au réel, un de ses principaux domaines?

Que sa recommandation à l'empereur Henri II, lorsqu'on sait que Berthe, femme d'Éberhard IV (sa mère), était fille d'Othon Ier, grand-oncle de ce même Henri II ?

Enfin, que de s'appeler Hermengarde (ou Hildegarde), puisque, selon l'usage des familles, on verrait encore ici le nom d'une aïeule paternelle donné à sa petite-fille? Une dernière raison se pourrait encore exhiber. C'est celle qui résulterait de l'hypothèse probable où Udolric et Adalbert, souscripteurs avec Berthold de l'acte rapporté ci-dessus (entre 1009 et 1011), seraient les deux fils d'Hermengarde; attendu, sans contestation, que les deux noms précités appartiennent à la famille dont Éberhard IV était membre (celle d'Alsace).

Considérez, au surplus, qu'Hermengarde ayant vu le jour vers 969, et s'étant remariée à Rodolfe vers 1010, elle aurait alors compté 40 ou 41 ans; âge ici très-admissible, tandis que ses deux enfants, nés vers 986, en auraient eu 23 ou 24. On sait, d'ailleurs, qu'elle prolongea sa carrière, ce qui, d'après notre calcul, irait à 88 ans, supposé que la donation qu'elle fit à Saint-Vincent de Grenoble ait pour date véritable l'année 1057, fait que Duchêne n'admet guère, vu que : « S'il n'y a faute au date, » (*Ibid.*, p. 164) suit immédiatement sa phrase, et de plus que telle ait été la dernière de sa vie.

Quant au premier mari d'Hermengarde, il se peut, comme l'estiment MM. Cibrario et Promis, qu'on le trouve soit en Manassès qu'ils disent comte de Savoie (bénéficiaire, toutefois, et, pour cause, avant l'année 1000), soit en tel autre; ce qui, du reste, est sans intérêt ici. Nous avons cru le tenir), mais sans nulle efficacité ; à propos de quoi, sans doute, il nous sera permis d'ajouter que, si nous avons erré d'autre part, il est de quelque justice que, tout avec redressement, on ne se récrie pas trop fort : les érudits savent déjà que la matière était rebelle. A l'égard de tous lecteurs moins édifiés à ce sujet, peut-être ne sera-t-il pas inutile d'en exhiber cet exemple, accompagné du classique : *Ab uno disce omnes.*

Beaucoup de faits convergents nous avaient donné la conscience que, petit-fils d'Othon Ier par sa mère, Berthold avait reçu la vie d'Éberhard IV, comte du Nordgaw. Vingt fois la preuve nous a fui ; cherchant toujours, aucun témoignage palpable ne s'offrait à notre vue ; cependant il nous revient en mémoire que, dans la vie de Léon IX, écrite par son chapelain, l'auteur avait exprimé quelque chose sur tel ou tel parentage entre ce même pontife et les rois de la Bourgogne transjurane. La pièce fut consultée derechef, et le susdit parentage rendu par le mot *cognata*, relatif à la belle-sœur du pape, nièce de Rodolfe III, vint se révéler à nous. C'était une des clefs du problème, peut-être même la seule que les siècles aient épargnée. Faute d'avoir connaissance et d'elle et de son usage, il fallait tout abandonner ; car enfin comment se produire avec ces mots pour argument : Croyez, parce que j'ai croyance ?

AUTRE CONJECTURE.

Le fameux cardinal Humbert, voué dès sa naissance à l'Église, et devenu religieux au couvent de Moyenmoutier (basse Alsace), nous paraît également né dans la famille d'Éberhard. Les motifs à donner seraient que Léon IX, allant à Rome prendre possession de la tiare, se rendit à Moyenmoutier, emmena le moine Humbert, et lui porta constamment une affection particulière; à tel point que, sans compter le cardinalat, la nonciature à Byzance et le reste, ce dernier ayant composé les offices de St. Cyriaque, patron d'Altorff, de St. Hidulfe, patron de Moyenmoutier, de St. Colomban, patron de Luxen, de St. Grégoire, patron de Munster au Val, de Ste. Odile et de St. Diey, il les nota (*Calmet*, hist. de *Lorr.*, tom. III, p. 220). On peut estimer, en effet, que cette prédilection du pontife pour Humbert, simple religieux, jointe, à l'égard desdits offices, au choix fait par celui-ci de certains patrons honorés en tel et tel monastère bâti par la maison d'Alsace (savoir Altorff, Hohenburg ou Ste. Odile, peut-être aussi Moyenmoutier), témoigne entre ces personnages une affinité consanguine, et puisque, sans aucun doute, le pape sus-énoncé provenait d'Éberhard IV, que Humbert en venait de même.

Quant au père de ce dernier, on l'ignore; seulement comme lui, naquit en Bourgogne vers la fin du xe siècle, vu que sa profession religieuse se fit en 1015 (*Biograp. univ.*), ne peut-il pas avoir été second ou troisième fils de Berthold ? En tous cas, cette hypothèse expliquerait facilement, outre les voiles épais qui cachent son origine, 1° ce qu'on vient de lire sur les intimes rapports de Léon IX, avec Humbert, puisque tous deux auraient été cousins germains paternels; 2° la raison pourquoi Humbert, fils aîné de Berthold, fut dit Humbert *aux blanches mains*, en ce qu'elle aurait pour cause l'habituelle nécessité de distinguer les deux frères, comme il arriva, par exemple, chez les anciens rois de Navarre, où Sanche (duc de Gascogne), frère puîné de Sanche VII, s'appela Sanche *le Courbé*. Quoi qu'il en puisse être, deux frères nommés de même ne seraient pas un fait unique chez les comtes du Nordgaw, témoin, entre autres, Hugues IV, père du pape Léon IX, et Hugues III, son frère aîné.

Terminons par faire observer, 1° que le cardinal reçut le jour en Bourgogne, et que Berthold, employé, sans aucun doute, par le roi Rodolfe III, y résida presque toujours; 2° que les deux Humbert vécurent contemporains. C'est ce qui résulte, en effet, de ce que l'un étant né vers la fin du xe siècle, puisqu'il était déja comte en l'année 1024, mourut vers 1048; et que l'autre, né de même (*voy.* plus haut), termina ses jours à Rome en 1061.

MAISON DE SAVOIE,

à partir d'Éberhard IV, comte du Nordgaw, fils de Hugues, comte *idem*.

ÉBERHARD IV,
comte du Nordgaw, femmes 1re N... 2e Berthe, fille de l'emp. Othon Ier.

1er lit, 1° HUGUES III, comte *idem*. — 2e lit, 2° HUGUES IV, femme Edwide de Dagsbourg. — 3° BERTHOLD, comte de Maurienne. — 4° Présomptiv. HERMENGARDE, fe de Rodolfe III, roi de Bourg.

(De Hugues III) Etc., comtes du Nordgaw.

(De Hugues IV) 1° GÉRARD, comte de Genève. — 2° HUGUES, comte. — 3° BRUNON, (Léon IX). — 4° Etc.

(De Gérard) Etc. — (De Hugues) Etc.

(De Berthold) 1° HUMBERT Ier, comte *idem*. — 2° THÉOBALD, évêque. — 3° Peut-être HUMBERT, cardinal.

(De Humbert Ier) 1° AMÉDÉE Ier, comte *idem*. — 2° BURCHARD. — 3° AYMON, évêque. — 4° ODON, marquis.

(D'Amédée Ier) HUMBERT, mort avant son père, sans hoirs.

(D'Odon) 1° PIERRE, marquis. — 2° AMÉDÉE II, comte.

(De Pierre) Deux filles.

(D'Amédée II) 1° HUMBERT II, comte, de Maurienne. — 2° etc.

(D'Humbert II) 1° AMÉDÉE III, comte *idem*. — 2° etc.

(D'Amédée III) 1° HUMBERT III, comte *idem*. — 2° etc.

(D'Humbert III) 1° . . . — 2° . . . — 3° THOMAS Ier, comte *idem*. — 4° etc.

Etc., suite des comtes et ducs de Savoie.

SUR LA DEVISE DE SAVOIE.

Chacun sait ou peut savoir que l'ordre de l'Annonciade se compose d'un collier formé par quinze lacs ou nœuds, vulgairement dits lacs d'amour, entrelacés des lettres F E R T, et joints par autant de roses; qu'au-dessous pend un ovale entouré de pareils lacs; en un mot, que l'annonciation de la Vierge orne le plein de cet ovale.

On n'ignore pas davantage que son premier instituteur fut le comte Amédée VI (1362), surnommé le comte Vert, à cause d'une sienne armure; que sa dénomination primitive était l'ordre du Collier (ou encore de Savoie); qu'Amédée VIII (le Pacifique) en modifia les statuts; enfin, que sa forme actuelle, et le nom qu'il porte à cette heure, sont dus à Charles III, dit le Bon (1518).

Au regard des lettres nommées, le sens qu'elles peuvent avoir a fait travailler bien des têtes.

Favin, puis, à son exemple, l'*Art de vérifier les dates*, ont écrit que le comte Vert ayant reçu d'une amie certain bracelet de cheveux cordonnés en lacs d'amour, voulut établir un ordre en marque de cette faveur, et que la divise F E R T, introduite dans le collier, signifie, *Frappez, Entrez, Rompez Tout*. C'est une idée inconvenante, probablement suggérée par l'histoire, au moins douteuse, du *Honni soit qui mal y pense*, ou bien de la Toison d'or, et qu'il faudrait rejeter, quand même on ne saurait pas que la devise en question est antérieure au comte Vert (*voir* ci-dessous).

Un autre sentiment consiste à prétendre qu'Amédée V (ou le Grand) concourut avec éclat à la défense de Rhodes; qu'il adopta la croix de l'ordre, et que la devise exprime : *Fortitudo Ejus Rhodum Tenuit.* Mais, d'abord, le fait principal ne se trouve relaté dans aucune histoire de Malte; il est ensuite connu qu'à l'époque nécessaire, le susdit comte ne quitta ni la France ni l'Italie; puis encore, que la croix, accompagnée des initiales, existait avant son règne. C'est à l'égard du dernier point ce que la numismatique établit, puisque (*voy.* Guichenon) une monnaie de Thomas II porte la croix; que le *Fert* se lit au revers d'une pièce de Thomas, fils de Humbert (c'est le même Thomas II), et que ce dernier fut son père. Ajoutons qu'il en est ainsi d'une autre qui le concerne, preuve de la négation précédente appliquée au comte Vert, né bien plus tard.

Ceux, enfin, dont la pensée est qu'il s'agit d'une allusion à l'espèce de carcan que, après sa dernière victoire sur le marquis de Saluces, le susdit comte Amédée VI aurait fait porter à ce prince, d'où le verbe latin *Fert*, n'ont certes pas mieux rencontré, par la raison déjà produite.

Il en advient que ces discours, n'étant ni vrais ni vraisemblables (jugement à porter sur tous), la question demeure une énigme.

L'âge des OEdipe est passé; mais les conjectures sont libres. Conséquemment voici les nôtres, qui, du moins, ont l'avantage de convenir au sujet.

— Les quatre lettres F. E. R. T., connues depuis Thomas II au moins, peuvent remonter plus haut.

— Conforme aux mœurs d'une époque où s'élevèrent, à l'envi, tant d'augustes basiliques, tant de riches monastères, leur sens doit être religieux.

— Saint Maurice, commandant de la légion Thébéenne, et peu loin du lac Léman, martyrisé (826) avec tous ses légionnaires (à l'ancien *Octodurum*, probablement Martigny, vu la racine de ce nom), pour s'être abstenu d'assister au sacrifice ordonné par l'empereur Maximien, avait un culte public, non-seulement en Allemagne, où lui furent consacrées une multitude d'églises, celle de Magdebourg entre autres, bâtie par l'empereur Othon Ier, mais encore, *à fortiori*, chez les comtes de Savoie, dont, suivant leur historien, il était et le patron et même l'ange protecteur.

— Nul doute qu'il n'eût sa bannière : à l'appui de quoi viendraient, au besoin, l'oriflamme de Saint-Denys et beaucoup de pareils exemples. Voir notamment une monnaie d'Amédée VIII (le Pacifique), représenté (Cibrario, p. 380) *in atto di ricevere una bandiera da s. Maurizio.*

— Depuis le fameux *Labarum* de l'empereur Constantin, portant, au su de chacun, le monogramme du Christ, une légende quelconque accompagnait, à l'ordinaire, la représentation du saint, ou peut-être en tenait lieu; si donc quelque moine érudit a eu charge d'en composer une à l'honneur de saint Maurice, sachant, avec tout le monde, que sa foi lui mérita place au royaume éternel, il a pu, sans doute, écrire : Fides Eterno Regno Tollit; et comme, bien qu'assez courts, ces quatre mots réunis ont dû gêner quelquefois, le S. P. Q. R. de Rome (*Senatus Populusque Romanus*) revint alors en mémoire, d'autant mieux qu'il s'agissait d'un capitaine romain : par quoi, vu que cette forme était, d'ailleurs, assez fréquente, témoin le N. O. C. H. des anciens marquis de Saluces, on inscrivit seulement F. E. R. T., avec ou sans ponctuation. Notez que la diphthongue *æ* est bien postérieure à ce temps; qu'au lieu de *præterea*, *æra*, *comitissæ*, on écrivait *preterea*, *era*, *comitisse*, orthographe justifiée par une foule de chartes; bref, que *Eterno* pour *Æterno* ne saurait être objecté; puis encore, en faveur de ceux qui regardent les quatre lettres, non comme un monosyllabe, mais comme des initiales, que les cinq voyelles A. E. I. O. U., qu'affectait la maison d'Autriche, commencent, très-évidemment, le même nombre de mots dont, au surplus, la connaissance est demeurée lettre close.

— Cependant le cri de guerre propre à la maison Savoisienne fut originairement *saint Maurice* (puis *Savoie et bonnes nouvelles*). Or, tant d'affinité se trouve entre l'adoption certaine de *saint*

Maurice pour cri d'armes, et celle d'une légende affectée au saint martyr, qu'insister à ce propos, l'un entraînant presque l'autre, ne semble guère obligatoire. De toutes manières, on sait que les princes de Savoie recevaient l'investiture par l'anneau de saint Maurice, à compter, assure-t-on, du célèbre comte Pierre, nommé *le petit Charlemagne* (1263). Ne serait-ce pas cet anneau qui, plus tard, aurait enfanté le collier dont, au rapport de Guichenon, la forme première, accusant une véritable étreinte mise au col d'un lévrier, devait, à certains égards, avoir l'aspect d'un anneau? et si telle était la chose, jointe au cas où, selon Favin, contredit par le même auteur, l'image de saint Maurice à cheval aurait précédé, dans l'ovale, celle de l'Annonciation, notre susdite conjecture n'en recevrait-elle pas quelque force?

Quant aux nœuds ou lacs d'amour, précédemment signalés comme partie intégrante de l'ordre qui nous occupe, en juger est peu facile. Toutefois, rappelant d'abord qu'on les trouve avec le mot *Fert* au revers d'une monnaie où se lisent les lettres TS-HI, interprétées par Guichenon, *Thomas Humberti*, savoir, à la façon des Grecs, *Thomas filius Humberti*, le nom du père au génitif présupposant *filius*; ensuite, que le collier même appartenant au fondateur, et dont furent gratifiés les religieux de Hautecombe, présentait un lacs ou nœud à l'extrémité des FERT, nous croyons pouvoir avancer qu'inhérents à la devise, leur sens doit, non moins que le sien, avoir trait à la religion, lorsque, surtout, on observe que de semblables lacs ou nœuds se montrent en forme de *croix* sur une pièce (*Bianchetto*) d'un Amédée qui, sans doute, n'est autre que le comte Vert : *quattro nodi d'amore dispositi in forma di croce* (Cibrario, p. 381). Or, cette hypothèse admise, ne devrait-on pas voir ici l'emblème des nœuds sacrés qui, sous l'étendard du Christ, avaient jadis retenu les Thébéens et leur chef, ou quelque signe mystique qu'on aurait estimé propre aux insignes chevaleresques qu'il s'agissait de créer? C'est ce que décideront les habiles.

www.ingramcontent.com/pod-product-compliance
Lightning Source LLC
LaVergne TN
LVHW020347230826
846091LV00003B/1020

* 9 7 8 2 0 1 1 7 8 6 3 1 9 *